那些殺不死我的，都將使我更堅強——

絕美癲狂的世紀獨白

歷久彌新的尼采哲學

劉燁，郭仁航 編譯

That which does not kill us makes us stronger.

崧燁文

他的思想獨特強勁，充滿隱喻和矛盾，甚至是瘋癲的獨白；
他主張徹底重估、批判和顛覆現代性及其一切價值；
他被多數後現代主義者奉爲先驅；
他是西方現代非理性思潮的創始人之一

——弗里德里希·尼采

序言

尼采（Friedrich Wilhelm Nietzsche，西元一八四四至一九〇〇年）。德國後現代主義哲學家、詩人、作家。一八四四年生於普魯士薩克森州的洛肯鎮。一八六二年發表《命運與歷史》的論文，又寫《意志之自由與命運》。一八六九年受聘為巴塞爾大學的古典語言學教授。三月，未經考試獲得萊比錫大學頒授的學位。一八八二年完成《歡悅的科學》並出版。一八八三年完成《查拉圖斯特拉如是說》第一部。一八八八年完成《反基督徒》。一九〇〇年在威瑪去世。

在西方哲學發展史上，尼采是最不能忽略的人物，也是最富有爭議的人物之一。由於觀點和立場不同，人們對他的作品有著不同的理解。不僅如此，尼采的思想由於採取了獨特、強勁、充滿隱喻和矛盾，甚至是瘋癲的獨白形式，因而常常遭到誤解。

那麼，我們到底該如此看待尼采以及他的思想呢？

首先從正面來說，尼采是一位特立獨行的哲學家。他將哲學的深邃、詩歌的浪漫、音樂的震撼，心理學的精細和語言學的廣博融為一體，自成一家。儘管他的思想中存在不可避免的糟粕，但他為後人留下的思想財富是極其寶貴的。

尼采貶斥理性和太陽神精神，讚美感性和酒神精神，故而被視為西方現代非理性思潮以及生命哲學的創始人之一：他主張對現代性及其一切價值徹底重估、批判和顛覆，並因此被多數後現代主義者奉為先驅。受其影響的大家有：佛洛伊德、海德格、傅柯、沙特等；文學家有：褚威格、蕭伯納、紀德、赫塞、魯迅……

其次，從反面來說：尼采有些思想是需要批判的，比如尼采濃厚的貴族情結和對個人意志的過分強調導致了其過於激進的理論傾向、主要有：

反民主傾向

不可否認，尼采的「超人哲學」作為一種英雄主義學說，無疑有其頗為可取的一面。幾乎每一個時代都需要英雄，因為在知識、智慧和膽略起決定作用的特殊時代下，一個英雄或傑出人物常常勝過千軍萬馬。但是，「超人哲學」所反映的英雄主義又是極端的、褊狹的。他認為普通人是粗製濫造的產品，主張由「高等人」統治世界。試想，如果像尼采主張的那樣向庶民開戰，天下必定大亂，英雄也難以成為英雄。尼采說：人應該生活在山頂。假如「超人」或「高等人」是人類之山的山峰，而山峰要摒棄它賴以聳入雲天的山體，這不是很可笑嗎？

「超人哲學」導致了尼采對貴族政治的極力推崇，這就決定了尼采的反民主傾向。尼采主張由「高等人」統治世界，希望建立「一個以最嚴酷的自我訓練為基礎的龐大的新貴族社會，在那裡有哲學思想的強權人物和藝術才能的專制君主的意志要為千秋萬代打下印記。」這樣的主張顯然是與歷史大潮悖逆的。

對愛與同情持否定態度

這最典型地展現在他對女人的態度上。他說：「男人訓練來戰鬥，女人應當訓練來供戰士娛樂。其餘一概愚蠢。」他在《查拉圖斯特拉如是說》裡借老媪之口說：「你去女人那裡嗎？別忘了你的鞭子！」他把女人當作劣者和弱者來鄙視的。這樣的觀點顯然是與今天男女平等的時代理念相悖的。

當然，對待尼采，我們需要的不是辯論他的對與錯，得與失，我們要做的是如何去理解，去探索，去研究他的言行，他的智慧。

故本書的策劃思路摒棄了將其作品簡單地組合的拙劣做法。我們大膽、無所畏懼的在尼采的思想裡遨遊，追尋昔日偉人的足跡，擷取其智慧的靈光，將其一生中的閃光點整理成文，集文成書。我們的「莽撞」全無冒犯偉人之心，更無褻瀆之意。實以秉著取其精華棄其糟粕，幫助讀者更輕鬆地去了解其思想的宗旨行事。我們謹其言，慎其行，將全書分為四卷：卷一，人生的告誡；卷二，天才的感悟；卷三：理性的思考；卷四：瘋狂的激情。

本書囊括了尼采思想中最具代表性的觀點和主張，包含有很多驚世警言，如「人是應該超越的東西」、「上帝已死」等。

讀其書而知其人，明其義而囿其辭。我們深信本書對於幫助讀者了解尼采有舉足輕重的作用。

目錄

卷一　人生的告誡

卷二　天才的感悟

卷三 理性的思考

卷四　瘋狂的激情

卷一　人生的告誡

在漫長的人生道路上，沒有遇到過先哲的幽靈的人生，是不完美的人生。尼采就是一個在我們的人生道路上需要遇到的幽靈。他獨到的以美學解決人生存在的根本問題，他是魔鬼的思想，亦是偉人的見識，他對人生提出的告誡最廣泛，最實際，最具審美意識。

人是應當被超越的

人是一種應該被超越的東西。超越前輩偉人是歷史對後人的要求，不然人類還有什麼進步和希望可言？

迄今一切物種均已超出自己之上。因此，人也是應當被超越的。你們是否曾想過超越人類自身呢？你們是否甘願作巨流中的退潮，寧可返回獸類而不肯超越人類呢？尼采給出的答案是：

猿猴比之於人是什麼？一種可笑或一種羞恥之物。人比之於『超人』同樣如此。

人走完了由猿猴到人的漫長之途，但在許多方面，人依然是獸。以前是猿猴，但現在的人類，比任何一種猿猴更像猿猴。

即使人們之中最有智慧者，也不過是一種植物與鬼怪之矛盾的混合體。然而，人並非一定要變成植物或鬼怪，相反人是應當被超越的。

無須置疑！人是一條汙髒的河。因此，我們必須成為大海，方能容納一條不潔的河而不至自汙。如此，你便能無視針對你們的一切輕蔑與鄙視。你們所能體驗到的最偉大的事便是非凡的輕蔑。那時，你們甚至會對自己的幸福感到厭惡，還有理智與道德同樣如此。

這時你們會說：「我們的幸福有什麼價值？它只不過是貧乏、汙穢，以及無知的自我滿足而已。但是你的幸福不正應當辯明自己的存在價值嗎？」

這時你們會說：「我的理智算得了什麼？它渴求知識是否如獅子渴求牠的獵物一樣？那不過是貧乏、不淨以及無知的自我滿足罷了！」

這時你們會說：「我的道德又算得了什麼？它不曾激起我的狂熱之情；我又如何能對自身的善惡不感到萬分的厭倦！那也不過是貧乏、不淨以及無知的自我滿足罷了！」

你們又會說：「我的正義有何價值？我並不認為自己便是烈火與炭木，然而，正義本身便是烈火與炭木！」

你們是否這樣說過？抑或是否這樣喊過？

這並不是你們的過錯——這是你們的滿足在向天叫喊！甚至於你們在罪過中的貪吝向天叫喊！

尼采是激情四射的，尼采是瘋狂的，他用哲理性的話告訴人們：人是可以也是應當被超越的。

別拋棄你的愛和希望

每個人都想往高處攀升，於是不惜用盡各種手段，殊不知自古有「高處不勝寒」的諺語。升得越高，你只會越感孤獨。因此，非常有必要告誡你們，別拋棄你的愛和希望。因為只有擁有愛和希望，你才不會感到孤獨。

假使你想用手去撼動一棵參天大樹，你認為你能做到嗎？絕對做不到。然而，我們見不到的風卻能隨意地晃動它，甚至折斷它。同樣，我們也正被一種不可視見的力量所掌控，或受其壓迫。

人和樹原本一樣。他愈是想朝光明的高處攀升，他的根愈會掙扎向下，向地裡，向黑暗，向深處——向罪惡。

每一個人都想往高處攀升，但是到頭來你會對自己徹底失去信心，因為你的周圍沒有人再會相信你，這到底是怎麼回事？

是因為你改變得太快，你的今天駁斥了你的昨天。當你往上攀升的時候，你常常不擇手段，這樣做，你周圍的人便不會原諒你。

當你站在高處，你會覺得越發孤獨，沒有人和你對話，落寞猶如深秋的寒霜不停地向你發動襲擊。

你的輕蔑與期望會隨著地位的上升與日俱增。你攀升得越高，便愈會鄙視那些往上攀登的人。到頭來，你會羞愧於自己的攀爬和踉蹌！嘲訕於自己的氣喘吁吁！因而你也會憎恨那些凌空飛翔的人！當你身處高處時，你會覺得身心疲累！苦不堪言！

但是，請記住這樣一個事實，獨自聳立在山上的參天大樹，它長得比人和獸都高大。假使它要說話，必定找不出一個能理解它的人來，因為它太高大了。但它仍在期待——它期待什麼呢？難道由於它太接近雲端，而在期待那第一道雷電嗎？

對於這些追求偉大者的糟糕表現，尼采深感難過，因為他看到了存在的一切危險。

在尼采眼裡：他們還不自由，但他們仍在尋求自由。他們的苦苦尋求使他們過於疲憊和苦惱。

他們嚮往著高處，他們的靈魂渴望著星辰。但他們那劣根性也渴望著自由。

在尼采看來，他們依然是一個幻想著自由的囚犯。唉！類似於他們這樣的囚犯的靈魂很機敏，同時也很狡詐與邪惡。尼采深知他們的危險，但尼采以尼采的愛和希望請求他們，千萬別拋棄了自身擁有的愛和希望！

尼采告誡那些追求者說：「你們仍然覺得自己很高貴，即使是怨恨你們或用惡毒的眼光看你們的人也一樣認為你們很高貴。你們務必明白一件事，對任何人而言，一個高貴者總是有礙於他的。

「對於善良的人，高貴的人也是一種障礙，甚至他們稱他為善良，僅僅是想以此為藉口將他撇開。

「高貴的人一心想創造新的事物和新的道德。善良的人則意欲舊的事物永遠保存。

「但高貴的危險，不在於成為善人，而是恐怕他會成為一個傲慢無知者、揶揄者，或破壞者。」

尼采說：「高貴的人們一旦失去了他們的最高尚的希望，他們便會誹謗一切高尚的希望。」

「於是，他們無恥地沉溺於短促的快樂中醉生夢死，不分晝夜。曾經他們想成為英雄，但現在卻成了享樂主義者。英雄對於他們來說是一種悲愁，一種痛苦。」

尼采提醒人們：別放逐了你精神中的英雄！且將你的最高希望永遠保持神聖。

鍾愛優秀者

優秀者是締造美滿世界的工程師，是描繪美好未來的設計者。世界因為有優秀者的存在而變得甜蜜、溫馨、幸福，故而，我們應當鍾愛、尊崇優秀者。

人類是一條繫在動物與超人之間的繩索——一條橫過深淵的繩索。渡過是危險的，行走於其間是危險的，回頭觀望還是危險的，在中途顫慄和踟躕不前都是危險的。

人類之所以偉大，在於他是一座橋梁而非目的；人類之所以可愛，還在於他是一個跨越的過程與完成。

尼采告誡人們：你應該鍾愛那些只知為完成而活的人，因為他們正是一個過程的跨越者。

你應該鍾愛那些非凡的輕蔑者，因為他們正是非凡的崇拜者，以及渴望彼岸的羽箭。

你應該鍾愛這類人，他們不在星球之外追求一個捐軀、犧牲的理由，卻默然殉身大地，以期大地終有一日能為超人所有。

你應該鍾愛那為求知而活，同時為使超人得以出世而求知的人，如是，他追求著自己的完成。

你應該鍾愛那為構築超人之棲所而工作，並為供給超人以大地與動物而創造的人，如是，他追求著自己的歸宿。

你應該鍾愛那珍惜自己道德的人，因為那道德是自我完成的意志與一枝憧憬的箭。

你應該鍾愛那不對自己之精神做任何保留而希望化整個精神為道德的人，

如是，他在精神上跨越了那座橋。

你應該鍾愛那不貪圖過多道德的人，一種道德往往較之兩種道德為佳，因為那種道德更近於命運之結。

你應該鍾愛那靈魂奢侈的人，既不受謝亦不致謝的人，因為他總是贈予他人而不為自己保存。

你應該鍾愛那因常贏骰子而感到慚愧的人，因為他會自問：我是一個作弊的賭徒嗎？——因為他輸得起。

你應該鍾愛那些先行而後說，注重實踐而不輕易承諾的人，因為他追求著他的自我完成。

你應該鍾愛那肯定未來而救贖過去的人，因為他願為眼前的人效死。

你應該鍾愛那些在受重創時依舊能夠保持其深邃的靈魂，而即便是些微小的事亦可使他赴湯蹈火的人，如是，他會欣然地跨過那座橋。

你應該鍾愛那因心靈過於豐實而忘己，且與萬物合一的人，如是，萬物乃成為他的歸宿。

你應該鍾愛那精神與心靈兩皆自由的人，如是，他的頭只不過是其心之內腑，而他的心則促使他完成自我。

珍惜你的美德

美德是財富，美德是最寶貴的財富，美德是人的良好意願和尊嚴方面的財富。在這方面進行投資的人雖然不能在世俗的物質方面變得富有，但是，他們可以從贏得的尊敬和榮譽中得到回報。

親愛的朋友，倘若你擁有一種獨一無二的美德，便不要與人共賞。當然，你必定會為它取個名字，並且十分珍惜它，你會開心地與它嬉戲、玩耍。

但是，倘若你讓大家共用這個名字，那麼你將會失去這種特有的美德而變得和大家一樣！

你毋寧說：「這個使我內心感到飢渴，使我靈魂感到悲喜的東西，既不可言喻，也無以名之。」

就讓你的美德永遠保持高姿態吧，而千萬不要加以任何親暱的名稱。假使非要提到它，你也大可不必羞於啟齒。

你完全可以慢吞吞地說：「這是我所珍愛的善，它使我快樂至極，我所需要的善正是如此。」

「我之所以需要，並不是它是上帝的律條，或是人類的法規與需要。它對我來說絕不是引往超人世界或天堂的路標。」

「我之所以深愛它，僅僅是因為它是屬於地上的美德——它不會苛刻，更不會賣弄小聰明，也不會虛情假意。」你應當這樣訴說自己的美德。

如果你將最高的目的灌注於熱情的深處，它們便會變成你的美德和歡樂。

即便你是屬於脾氣暴躁、執著狂熱、沉迷肉慾、或者是充滿恨意的族類，但是你的熱情終將成為美德，就連惡魔也會變成天使。

從此，你的身上便不再有任何邪惡，除非是因眾多美德之間的衝突所引起。

可愛的朋友啊，若是你很幸運，你只須擁有一種美德就夠了，千萬不可貪多。因為如此一來，你過橋就會容易些。

一個人能擁有多種美德固然不錯，但不見得這樣就是一件好事，因為有許多人就是由於不堪負荷眾多美德的傾軋爭鬥之苦，而跑到荒郊野地裡去自殺了之，成為肉體的蔑視者。

戰爭是邪惡的嗎?縱然是，我們仍然需要它。同樣的道理，在你的諸多美德之中，嫉妒、懷疑和中傷是需要的，甚至是必不可少的。

你看，你的每種美德都企圖占據最高的位置，它們都想驅使你的精神為其奔走，也都要你在愛與恨時所擁有的全部力量。

事實上，美德會互相嫉妒，而嫉妒是一件十分可怕的事。每種美德都可能毀於嫉妒。

心中充滿嫉妒的人就像蠍子一樣，最後只會將毒刺轉向自己。

人是應當超越的，因此，你必須珍惜你的美德。倘若你無視你的美德，你便會因它們而大死一番。

謹防小人

我們經常說：「害人之心不可有，防人之心不可無。」這句話固然有其狹隘的地方，會把人變得拘謹慎微、毫無磊落氣度。但這句話也並非毫無道理，畢竟小人無處不在，所以，為人不可無防人之心。

親愛的朋友，倘若你既被大人物的喧囂聲吵得震耳欲聾，又備受小人的暗箭刺傷，請躲入你的孤獨中去吧！

叢林和岩石知道該如何靜默地陪伴你，它們絕不會對你施以臉色，加以惡語。你也可以學那枝椏繁茂的大樹——無言地卓立在天地之間。

事實上，只要有市場存在的地方，便不會有孤獨，市場和買賣一開始，雜耍賣藝者的吆喝聲和毒蠅的嗡嗡聲同時會跟著喧騰起來。

他們向你獻媚，神形卑微地有如在諂諛上帝或魔鬼；他們向你悲泣，楚楚可憐有如在上帝或魔鬼面前哭訴。這是小人慣用的伎倆。然而又有何用！最多也只能博得一個善諛者的「美名」和愛哭者的「諡號」罷了。

他們也時常對你擺出一副和藹可親的樣子，然而這只不過是怯懦者的一點小聰明而已。

他們以小人之心來度量你——他們總是用懷疑的眼光看你！他們因你擁有很多美德而施罰於你，在他們的內心深處，只原諒——你的過錯。

因為你的仁慈和正直，你說：「他們對於其卑微的存在是無辜的。」然而他們那顆狹小的心卻在想：「一切偉大的存在都是有罪的。」

儘管你對他們千般呵護，萬般關愛，他們依然會覺得你在輕視他們，因此，他們會以不為人知的毒計來回報你的好意，你的善心。

你那沉默的高傲總是不合他們的胃口，換來他們的敵意，只有當你謙卑得近於輕浮時，他們才會露出舒心的笑，興奮時還會手舞足蹈。

小人在一個人身上看出什麼破綻的時候，便會設法百般挑逗。因此為防你成為小人玩弄、利用的對象，你務必要謹防小人！

因為你的高傲，小人在你面前便自覺渺小，如此便容易引燃自卑之火，促使其在無形之中，在你不設防時伺機向你報復。

難道你沒有發覺每當你走近他們時，他們便沉默不語嗎？難道你沒有看出他們的活力正逐漸消失，有如熄滅之火的煙散嗎？

是的，朋友，你的高傲使得你身邊的小人十分不安，因為他們和你無法相比。所以他們怨恨你，並在隨時尋找機會準備置你於死地。

哦！朋友，請不要忘記，小人永遠是一些毒蠅，你的偉大只會使他們更毒，看起來更像蒼蠅。

千萬不要對小人有不當的行為。否則他會謹記在心並加以報復的！

小人猶如一口深井，投石於井是輕而易舉的事，但是，倘若石塊沉到了井底，那麼誰又能輕易將它取出來呢？

因此，千萬別傷害到卑瑣的小人，因為他們會給予你更致命的傷害！

永保貞潔

> 富貴不能淫，貧賤不能移，威武不能屈，此乃大丈夫。千百年來，能永保貞潔者皆是道德之楷模。

城市是一個龍目混珠，爾虞我詐的地方，那裡充斥著太多的聲色之慾，因此並不適於居住。

落在一個殺人犯的手中要遠比墜入一個淫婦的夢中強得多，至少他不會玷汙你的名聲。

看看那些卑微，猥瑣的人吧，他們的眼睛彷彿在高唱——還有什麼比躺臥在一個女人的懷抱裡更好的事。

他們是那樣的相信，他們的靈魂深處淨是骯髒的穢物，噢，天哪！那些穢物之中竟有精神存在！

但願你們是完美的——至少像動物一樣地完美！因而，只有動物才擁有無邪和純潔。

當然，尼采這樣主張並不是要教唆你將本能完全消除掉，他不過是在提醒你們要保持本能中的那份純潔與無邪罷了。

永保貞潔對某些人而言，是一種高尚的德行，但對大多數人則近乎是一種罪惡。

這些人確實是能克制自己，但卑賤的慾念卻滿含恨意的在他們的行為中表露無遺。

即使在他們那崇高的道德和冷靜的靈魂之中，卑賤的慾念也會帶著不滿地跟隨著他們。

當這卑賤的慾念長時間得不到肉食時，它便會謙和得近似於下作地去乞求一片精神！

事實上，這個世界有很多想驅逐魔鬼而自身又墜入魔道的人並不少。

倘若永保貞潔根本就沒有人能做到，那麼就應當被勸阻，以免它變成地獄之路——而通往靈魂的汙濁深處，不可自拔。

求知者之所以不願涉足真理的河流中，是由於它過於淺薄，而並非它的汙濁。

我們不可否認，有些人的本性原就十分貞潔，他們的心地善良、性情柔和。他們經常面帶微笑，而且笑得非常坦誠。

即使他們有時也嘲笑貞潔，並發生疑問：「什麼是貞潔？永保貞潔不是很愚昧麼？我們應當讓愚昧來遷就我們，而不是我們去遷就愚昧。」

噢！親愛的朋友們，你們聽到了嗎？這便是慾念在高尚者的精神中占據了上風，卑賤的慾念獲得了它想要的肉慾。這不是我們學習的楷模，而是應當唾棄的對象。

就讓我們把自己的心和房子，都獻給貞潔這位嘉賓，讓它和我們同住——讓它想住多久便住多久吧！

與人交往的藝術

人的一生總需要與人交往，包括配偶、父母、孩子和朋友。在人生旅途的進程中，我們應該盡可能做到寬容和自律，避免與人爭論和口角，放眼前途、容忍異己，這樣我們的一生將獲益良多。為人處世的睿智，更少不了容忍。

與人交往的藝術端視個人的技巧（這需要長期的訓練），就好比參加一次宴席，倘使有個餓得如狼似虎的人坐在席上，則任何食物對他來說，都是可口極了，（正如魔鬼靡非斯特所說的：「給人經驗的社會最差勁。」）但是畢竟很少人會餓成那樣子吧！唉！瞧我們的夥伴消化得多麼艱苦啊！

與人交往有以下幾個原則：

第一個原則是：我們要像遭遇不幸時那般地拿出勇氣來，大膽去把握一切，同時還要能自我欣賞，要能將所厭惡的東西通通塞在口中，然後硬吞下去。

第二個原則：「改善」對方。譬如說，可利用對對方的讚美而使他自我陶醉；或者是抓住他某些優點或「有趣的」特質，逐步將他所有的美德挖掘出來。

第三項原則：是自我催眠。與人交往時，兩眼緊盯著對方，就像盯著門把一樣，一直到你的快樂或威脅感消失為止。然後便不知不覺地睡著了，對一切置若罔聞，紋絲不動。這是個家庭處方，最適用於夫妻或親人之間；經人多方試驗的結果，認為是絕對有效的法寶，但尚未受到用科學化的方法來整理並列出公式。尼采曾給它起了一個最合適的名字——那便是忍耐。

世界上每個人都需要與人交往，正確的做法先得穿戴整齊，好贏得別人的青睞與尊敬，如此才能在社會立足：也就是說，我們混入一群偽裝自己的人群中，和那些小心翼翼的化妝舞會賓客一樣，袪除了一切不光是由於我們的「著裝」所引起的好奇。

當然，你還可用其他的手段或方法與人接近。好比一個鬼，如果想把別人嚇跑，實在是易如反掌。又好比一個人抓住了那個鬼，卻無法扣緊不放，那一定會把自己嚇壞了。鬼可以從緊鎖的門穿過，或在燈光熄滅後出現，或在人死之後顯靈，而後者是極優秀之人死後所玩弄的技巧。

世間沒有永恆的善與惡

善惡並非絕對永恆，昔日的善也許會變成今朝的惡，善惡相依相偎，此消彼長。

大家認為推動自己並使自己燃燒發光的是「追求真理的意志」嗎？

尼采認為你們所謂的意志為：想知道一切存在之可知的意志！

你們想使一切都能為人類所理解，因為你們有充分的理由懷疑著一切存在早就可知。

然而一切都得向你們屈服或遷就！你們的意志執意如此。它應當順從精神，一如精神的鏡子與鏡影。

那就是你們這些大智者的整個意志——「權力意志」一種求權力的意志；甚至於在你們說到善惡和說到建立評價的時候亦然。

你們仍然願意創造一個值得自己屈膝膜拜的世界，這是你們最大的希望和狂想。

不錯，無智者，即人民——他們就像是一條推動小船的河流，而價值的評估便莊嚴而矜持地坐在那船中。

你們將自己的意志與價值放在變化無常的河口、人們信以為是善與惡，在尼采看來這不過是一種古老的權力的意志。

是你們這些大智者把這樣的客人放置在這艘小船上；且將他們裝扮得十分華麗，此外還賦予其高傲的名銜——你們以及你們的統治意志！

現在這條河載著你們的船開始前行了，它不能不載著它前行，即便浪潮洶湧，衝擊著船身，那也算不了什麼。

你們這些智者，你們的善惡之終點和意志危險並不在這河，而是在你們的意志，也即那權力意志——永不耗竭的，創造的生之意志。

為了使大家明白尼采對善惡的看法，他將去告訴你們關於他對生命以及一切生物之本性所持的觀點。

尼采曾躡足跟在生物之後，為了了解它們的本性，尼采跟著它們在大路或小徑上四處走。

尼采從多面鏡中捕捉到了它的一瞥，而當它的嘴巴被封住時，它的眼睛便可以向尼采說話——也確實在向尼采說話。

只要有生物存在的地方，尼采就會聽到服從的語言。一切的生存便是一種服從。

其次，尼采還聽到：被命令者是不能順從自己的，這就是生物的本質。

最後，尼采所聽到的是：命令比順從更困難。這不僅是由於命令者得肩負所有服從者的重擔，也因為這種負擔隨時有可能將他壓垮的緣故。

所有的命令對於尼采來說都是一種嘗試或冒險，而生物則不同，只要生物一發號施令，它便是在冒著自己生命的危險。

是的，甚至當它在命令自己的時候，也得為這命令做出相當的代價。它必須作為自身法律的法官、報復者與祭物。

怎麼會這樣？尼采問尼采自己：到底是什麼說服了生物順從命令，甚至於在命令的時候也順從？

尼采透過觀察研究發現。

只要有生物存在的地方，那裡便有著追求權力的意志；甚至於奴僕的意志裡也有著追求為主人的意志。

弱者應當服從強者——所以弱者的意志乃說明自己要成為更弱者的主人。這是他堅守的唯一喜悅。

弱者屈服於強者，好使自己能獲得主宰更弱者的機會而從中獲得喜悅；同樣地，即便最強者也得屈服於自己，並為取得權力而拿生命當賭注。

最強者的屈服表現便是冒生命之險做死亡的孤注一擲。

只要有犧牲、以及愛之觀照的地方，就會有要做主人的意志。弱者經由小徑潛入堡壘中心而竊走了他的權力。

生命必會向你說出這個祕密。「注意」，它說，「我便是那個不斷超越自我的東西。」

真的，你們叫那為生的意志：「我向著更高，更遠，更複雜的目標之衝動：但所有這一切都只是一件東西，一個祕密。」

尼采說要讓他放棄這一切東西，他寧願放棄生命。

永恆的善與惡並不存在！它們必然依本性而不斷地超越自己。

你們這些價值之評估者利用自己的價值和善惡的信條來行使你們的權力，而那就是你們深藏不露的愛，以及你們內心的閃爍、顫抖和充溢。

然而，一種更強的權力和一種更新的超越從你們的評價中產生——就像小雞破殼而出。

真的，若有誰要創造善惡，就必定得先將價值破壞搗碎。

因此，最大的惡屬於最大的善：這便是創造。

從報復他人的欲望中解脫出來

從報復他人的欲望中解脫出來是件很難做到的事，因為絕大部分人看到「敵人」都有除之而後快的衝動。但是，人和動物還是有本質的區別的，動物的所有行為都依其本性而發，屬於自然的反應；但人不同，經過思考，人可以依當時需要，做出各種不同的行為選擇。

親愛的朋友，你想看毒蜘蛛嗎？看吧，這是個毒蜘蛛的洞穴。牠的網就結在這裡——碰觸這網，牠便會震動。

毒蜘蛛自動來了，因為牠要報復。倘使你被咬，在那被牠咬到的地方便會腫起一塊烏黑的疙瘩，牠那報復之毒會使人眼花頭暈！

對那些「平等」的說教者、使人頭暈眼花者，倘使讓我用一個比喻來描述他們的話！就像是隻會在暗中報復的毒蜘蛛！

必須將人類從報復之中解救出來——因為這是通往最高希望的橋梁，也是風雨之後的一道彩虹。

然而，毒蜘蛛卻並不這樣想。「讓世界充滿我們的報復的風雨。」牠們如此互語。

「我們要報復與侮辱所有的異己者。」牠們在心中如此發誓。

他們近似狂熱者，然而激起他們狂熱的卻不是他們的那顆心——而是報復。而一旦他們變得十分機智而冷靜，那必然是他們的嫉妒而非精神促成的。

他們的嫉妒引領他們步上思想者的蹊徑，這就是他們嫉妒的訊號——他們總是不知疲倦地前行，以致因為過於勞累而在雪地中悄然入睡。

他們的訴怨聽起來彷彿是報復之聲；他們的讚頌更像是在陳述罪惡，而倘若能像法官一樣地去判斷他人，對他們來說是一種莫大的快樂。

不過，親愛的朋友，奉勸你一句：千萬不要相信那些懲罰欲很強的人！

那些人是屬於一個敗壞的民族，他們的臉上隱含著劊子手和猛犬的凶戾之氣。

千萬不要相信那些俗談正義的人！真的，在他們心中所缺的不過只是蜜而已。

別做肉體的蔑視者

身體髮膚，受之父母，怎能隨意摧殘與自我結束生命呢？肉體的蔑視者往往是生活中的懦夫，他們怨恨生活和大地，故而經常以輕蔑的眼光看人，這樣的人永遠也無法超越自己。

在我們所生活的城市裡，時常能從報紙上看到有人尋死的新聞，想必世界各處都有此類現象發生。這類人便是肉體的蔑視者。在這裡，尼采要對肉體的輕蔑者說幾句話。尼采希望他們不要再去學什麼或教什麼，只願他們和自身的肉體告別——就這樣沉默下去。

「我就是肉體，我就是靈魂。」小孩子這樣說。可為什麼沒有成人也這樣想呢？

但覺醒者和得道者卻說：「我完全是肉體，不再是別的，靈魂不過是附屬於肉體的某物的名稱而已。」

肉體是一個大智慧，一個獨具一義的複合物，既是戰爭兼和平，亦為羊群兼牧人。

朋友，被你稱為「精神」的你那肉體的工具只是個小智慧，它是你那大智慧的小工具與玩物。

你常說「我」，而且常引以為榮。但比這更偉大的——也是你不願相信的——乃是你那具有大智慧的肉體，它不是「我」，而只是在實踐「我」。

舉凡感官所知覺與精神所領悟的一切，本身並沒有任何目的。不過感覺與精神會竭盡全力使你相信它們就是萬物的目的——它們竟是如此地虛榮。

感覺和精神其實都只是工具與玩物；在它們背後仍有著「自己」，而「自己」也用感覺的眼睛來巡視，以及用精神的耳朵來聽聞。

「自己」始終在諦聽中尋找、觀察。它不斷地比較、克服、超載和破壞。它破壞、它支配自己，但也是自我的支配者。

朋友，在你思想和感情的背後有一個強大的主宰，一個不知名的聖者——那便是「自己」，它居住於你的肉體，它便是你的肉體。

你肉體中的理智遠遠多於你那最高智慧中的理智，因此，有誰明白究竟為什麼你的肉體需要你那最高的智慧呢？

你的「自己」對你的「我」與它那神氣的樣子一笑置之。「這些思想的飛揚騰躍於我何干？」「自己」自言自語道：「它們僅僅是我前往目的地途中的逆旅而已，我是「我」的嚮導，也是「我」之一切觀念的提示者。

「自己」對「我」說：「去感受痛苦吧！」於是，「我」便開始痛苦起來，為此它必須認真地去思考該如何結束這痛苦。

「自己」對「我」說：「去感受快樂吧！」於是，「我」便開始快樂起來，為此，它必須認真地思考該如何永保這快樂。

尼采對肉體的輕蔑者說：「究竟是誰創造了尊敬和輕蔑，價值與意志呢？」

那是創造的自己，創造了尊嚴和蔑視，創造了快樂和痛苦。創造的肉體為它自己創造了精神，當作它的意志的一種工具。

你們這些肉體的蔑視者，縱然在瘋狂和輕蔑之中，也只知為「自己」效力。尼采說：「你們的『自己』根本就不想活下去，它在逃避生命。」

你們的「自己」已無法再做其最想做的事——超越自己，這是它最大的願望，也是唯一的執著。

然而，現在卻來不及了——所以你們的自己願意死去，你們身體的蔑視者喲。

尋死——你們的「自己」如是渴望著，故而你們乃成為肉體的輕蔑者，因為你們已無法超越自己。

於是，你們開始憤恨生命和大地。一種不自覺的嫉羨流露在你們那斜視之輕蔑的目光中。

你們這些肉體的輕蔑者呵，你們的錯誤觀念終將使你們永遠無法越越自己。然而，朋友，千萬別做肉體的蔑視者。

超越自我

你所走的是追求自我的路！因而你可能遇見的最大敵人仍是你自己，你應當隨時準備自焚於本身的火焰中，倘若你不先化為灰燼，將如何能獲得新生呢？

朋友，你願離群索居，尋找那追求自我的道路，超越自我嗎？倘使你有此想法，請暫且留步，且聽尼采的忠告。

「那求之於外的人很容易迷失自我，離群索居便是與世隔絕，這是不對的。」周圍的人都會這樣說，而你原本就是其中的一員。

群眾的話還在你耳邊迴響，而當你說：「我不再與你們有同一個意識」時，你的不滿與痛苦便應運而生。

看，這痛苦便是由那群眾之共同意識所引起的。這痛苦會伴你一生，在你超越自我的過程中閃爍不已。

面對這痛苦，你是否仍願意走上這磨難之路——亦即追求自我之路？倘使你仍執意超越自我，那就將你的力量和權威充分展現出來吧！

或許你仍在為群眾而感到痛苦。但你們仍保有那不折的勇氣和希望。

你迫使許多對你持不同看法的人改變他們的意見。故乃引致他們對你的不滿。你走近他們，卻又擦肩而過，如此他們永遠不會原諒你。

你走在他們前頭，當你升得越高，在嫉妒者的眼中便越發顯得渺小，他們給予超越自我者的是不公與汙辱。然而，我親愛的兄弟，倘使你想成為一個星球，那就得毫不吝嗇地將光照耀在他們身上！

因此，朋友！你應該小心謹防那些「善良」與「公正者」！他們很喜歡將那些自創道德標準的人釘死在十字架上——因為他們恨超越自我者。

此外，也應當謹防那些視單純為神聖者！在他們的觀點裡，凡是不單純的便是邪惡的；他們很喜歡以火刑處置異端——他們恨超越自我者。

其實，對有些人，你根本無須伸手，伸腳便可以——當然，最好你的腳上有利爪。

不過，需要提醒你的是，親愛的朋友，你可能遇見的最大敵人仍是你自己——你埋伏在山洞的雜草中，隨時準備偷襲自己。

你這個超越自我者所走的是追求自我的路！而此路是要經過你自己和你的

七個魔鬼。

你將成為自己的異教徒、巫師、預言者、傻子、懷疑者、惡漢和流氓。

你應當隨時準備自焚於本身的火焰中，倘若你不先化為灰燼，將如何獲得新生呢？

你這個超越自我者，你走著創造者的路，你會從你的七個魔鬼之中創造出一個上帝來！

你這個超越自我者，你所走的是追求成為一個充滿愛心者的路——只因你愛自己，故而你如充滿愛人者一樣地輕蔑自己。

充滿愛人者因為輕蔑現存的一切而想到創造新的！倘若他不正是輕蔑自己所愛的一切，則他對愛又了解些什麼呢？

將你的愛和創造力都帶到你超越自我的行動中去吧；我親愛的兄弟。

公道自會慢吞吞地跟在你後面。你終將超越自我。

自我控制

尼采的語言是尖刻的，思想是狂亂的，觀點常常是矛盾而不相連的，尼采在這些極端的矛盾中不能調和就像一個走在絕壁小徑上的人沒有轉身的餘地一樣。

尼采發現有好幾種不同的方法可以用來抵抗一種衝動的高漲。具體辦法如下：

第一，避免滿足這種衝動的機會，透過使它長時間地和越來越長時間地得不到滿足而削弱它和消滅它。

第二，在此種衝動的滿足方面制訂嚴格的規定，給衝動本身套上一副時間的籠頭，把它的驚濤駭浪限制在一個個堅固的時間隔斷之內，從而可以使我們擁有某些不受打擾的間歇時間——我們也許可以從這裡又回到第一種方法。

第三，故意放縱自己，沒有限制甚至是不顧一切地滿足這種衝動，以便最終對它感到厭倦並透過此種厭倦獲得一種克服衝動的力量：只是我們一定要小心，千萬不要步那位騎手的後塵，他把他的馬一直騎到累死，同時也因此折斷了他自己的脖子——不幸的是，這項實驗的結局往往如此。

第四，把滿足這種衝動的思想與某些非常令人痛苦的思想緊密地聯繫在一起，以至於只須經過稍許練習，滿足這種衝動的思想本身就會立即使人感到異常痛苦。（就像基督徒那樣練習把魔鬼的靠近和嘲弄與性歡樂聯繫在一起，或者把地獄裡的永恆懲罰與復仇殺人聯繫在一起，或者僅僅是想一想，假使他順手牽羊，那些他最敬重的人看待他的輕蔑的眼神；又如許多人已經不止一次地做過的，當他們感到一種強烈的自殺欲望時，想像朋友和親戚悲傷和自責的景象，使自己在生命的懸崖邊收住了腳步——此後，它們就會像原因和結果一樣同時出現在他心上）。

當一個人像拜倫勛爵和拿破崙那樣驕傲不已，把他的全部存在和理性之愛，一種單一的感情支配看成是一種侮辱時，他所使用的也是同樣的方法，由此產生了壓制衝動使它不得發洩的習慣和願望。（拜倫在他的日記中這樣寫道：「我拒絕成為任何欲望的奴隸。」）

第五，承擔勞動和特別困難的工作，從而造成自己能量的異常分配，或者有意讓自己迷上某種新的刺激和娛樂，從而使自己的思想和生理力量活動流向其他的管道。倘使我們暫時放縱另一種衝動，給它以充分滿足的機會，從而使它消耗掉否則會為那因其高漲而成為負擔的衝動所用的能量，那麼，結果也是一樣的。毫無疑問，確實有不少人知道怎樣限制一種野心勃勃想要壓倒一切的衝動，給予所有其他已知衝動一種臨時的鼓勵和放縱，讓它們吃掉暴君本來留下來獨自享用的全部食物。

第六，使自己成為一個能經受全面削弱和壓制他的生理和心理組織的人，透過這種方法，最終也會達到削弱某一個別強烈衝動的目的：當他像禁慾主義者一樣餓其體膚時，他同時也就餓癟和摧毀了他的活力，進而餓癟和摧毀了他的理智。

總之，避免滿足衝動的機會，給衝動植入規則，使衝動變得讓人厭倦和反感，把衝動與某種痛苦的觀念（恥辱，不好的後果或受到損害的驕傲等）聯繫起來，以及力量的分散和最後的全面的削弱和消耗——這便能進行自我控制。

然而，倘使一個人想要對抗的只是某種衝動的強度，我們對此就有點窮於應付了。

毫無疑問，在所有上述方法中，我們的理智只是另一種衝動的盲目的工具，此種衝動實際上是那種強度使我們不堪忍受的衝動的競爭對手：它也許是一種渴望安寧的衝動，也許是一種對於恥辱和其他不良後果的恐懼的衝動，或者是一種愛的衝動。當「我們」以為是我們在抱怨另一種衝動；也就是說，我們之所以能夠意識到某種衝動的亢進的痛苦；是因為存在另一種同樣亢進甚至更為亢進的衝動，是因為一場戰爭已經在即，而我們的心靈將不得不加入其中一方。

提防同情

尼采是缺乏寬容精神的，從尼采「消滅千百萬個粗製濫造者以塑造未來的人」的主張便可看出。尼采亦對基督教的「博愛」與「同情」頗為反感。他認為同情只會讓人最後變成一個病態的、憂鬱的人。故而，他提出要提防同情。

同情，就其實際造成痛苦而言——我們在這裡關注的只是這一點，乃是一種缺陷，正如沉溺於任何一種有害情緒都是一種缺陷一樣。它增加了這個世界上的痛苦的數量，雖然由於同情，我們可能也會在這或在那裡間接地減少或消除一定數量的痛苦，但是這些從根本上說無足輕重的偶然後果無論如何也不能被當作證明那本質上有害的同情的證據。此種同情只要主宰人類一天，人類就會如同一株染病的植物一樣迅速地枯萎下去。

和所有其他衝動一樣，同情本身並沒有任何可取之處，只有在那些需要它和你稱讚它的地方，也就是說在那些人們未能認識它的有害性反而在其中找到了某種歡樂的地方，它才具有了一種善良的品格，只有這時，人們才會心甘情願地服從它和毫不猶豫地證明它。在其他人認識了它的有害性的地方，它就會被看做一種缺陷，或者像在希臘人那裡一樣，被看做一種其危險性可以透過週期性的精心設計的發洩而消除的病態的反覆發作的感情。

假使一個人在一段時間內進行實驗，每天到處搜尋同情別人的機會，讓他的心靈看到周圍所能看到的所有不幸，這個人最後肯定就會變成一個病態的和憂鬱的人。

心靈的正確態度

安於現狀和易於自我滿足都將使一個人心生懶惰，不思進取。此類人總是自己尋找各種藉口來為自我開脫罪責，這樣的人是懦弱者，是膽小鬼，終將無法超越自我。

貧窮，快樂和受奴役，三者可以並行不悖；同樣、貧窮、快樂和自由獨立三者也可以並行不悖。

假設我們工廠裡的奴隸不覺得被當作機器上的一顆螺絲和人類發明精神的填充物來使用和用掉有什麼可恥，那麼，我對他們是沒有什麼好說的了。

有不少人認為，高額的工資將會從根本上改變他們的苦難，即他們那非人性的奴役的苦難；有人天真的相信，伴隨著一個新的機械化社會中的非個人性程度的提高，這種奴役的恥辱將轉變成一種美德；人們給自己制訂一個變換價格，使自己不再是人，而變成了機器的一部分；讓所有這些思想和做法都告終吧！

在各民族想盡辦法努力追求最大量生產和最富裕的瘋狂中，是否你也已經成為其同謀？不管是與否，你所應該做的便是，毫不客氣，甚至需要你針鋒相對地向他們指出，在這樣一種對於處在目標的瘋狂追求中，內在價值蒙受了多麼巨大的損失！然而，倘使你已經不再知道什麼叫自由的呼吸，倘使你已經喪失了最後一點控制你自己的力量，倘使你自己就像一瓶走了味的酒一樣使你自己感到沒勁，倘使你留心報紙和偷偷地注視你富有的領居，因為權力、金錢和意見的大起大落而充滿了貪欲，倘使你不再相信破衣爛衫的哲學和無需要者的自由心胸，倘使自願貧窮和不受職業和婚姻限制，自由——這可能是唯一適合你們的。高尚的生活狀況——變成了你嘲笑的對象，那麼，你又有什麼內在價值可言呢？另一方面，如果你只知一味地等待某種事情從外面發生，同時保持過去的所有生活原封不動，一直到這種等待變成飢餓、渴望、熱情和瘋狂，即使最後全部榮耀從天而降，而你，又有什麼內在價值可言？

事實上，每一個人都應該對自己說：必須漂洋過海，尋找世界尚未開發的野蠻之地，成為那裡的主人。倘使沒有任何奴役的抵抗與威脅，就不停地從一個地區換到另一個地區；既不躲避戰爭也不躲避冒險，在危難之際甚至甘願死亡，而不是在這裡繼續忍受這可恥的奴役，不是在這裡繼續變得更為怨恨、刻毒和熱衷於陰謀詭計。這將是心靈的正確的態度；此時此刻，歐洲工人應該大聲地宣布，作為一個階級，他們乃是人的一種不可能性，而不是像人們通常認為的那樣，只有一種有欠公平的不適當的社會安排，他們應該在歐洲的蜂巢內，透過大規模的自由遷徙行動反對機器，反對資本，反對他們現在面臨的不得不在成為國家的奴隸還是成為某個革命黨的奴隸之間做出選擇的威脅。讓歐洲四分之一的居民從歐洲遷出！歐洲和這些居民都會有一種如釋重負的感覺！只有在遙遠的土地上，在巨大的殖民事業中，我們才初次看到，歐洲母親給她的子女灌輸了多少理性、公正和健康的懷疑，但是，倘若他們繼續待在家中，這位老婦人就會變得忍無可忍，且變得和她一樣愛爭吵，愛發火和愛尋歡作樂。

在歐洲的國土之外，歐洲的美德將隨這些工人一起在異國他鄉生根發芽；那些在他們老家已經開始退化的危險的不滿和犯罪傾向的東西一旦到了國外，就獲得了一種粗獷的優美的自然性，被稱為英雄氣概。因此，最終，一陣清新空氣將重新吹過這古老的，人滿為患的和自我消耗的歐洲！「勞動力」也許會變得有些缺少，但這又有什麼關係呢？人們那時也許就會想到，我們之所以覺得離開我們的許多需要我們就活不了，其實這僅僅是因為它們太容易滿足了——我們完全可以放棄這些需要！

強者自我保存的手段

棋道有云：敵進我退，敵退我進，棋中高手往往是遇強不弱，遇弱不強。遇強不弱是指在強者面前表現得遊刃有餘而無提襟見肘之狀；遇弱不強是指在弱者面前隱藏自我實力，表現得拙劣而不讓對方察覺。做人是同樣的道理。

強者的自我保存的手段有如下幾種：

賦予自己特別行動的權利，嘗試戰勝自我與享受自由；

進入野蠻的狀態；

透過各種禁慾的方式使自己具備堅強的意志，從而獲得優勢與自信；

絕不向他人表明心跡，緘默無語，對優雅保持高度的警惕；

高度服從現實的安排，讓現實來考驗自己的自我維護能力，保持對榮譽的高度敏感；

絕不做出如下結論：「適用於甲者也適用於乙。」而是做出相反的結論！將報復與回報作為一種特權和嘉獎；不覬覦他人的美德。

學問的嚴肅

夢想成就一件事情很容易，但真正要實施起來去實現夢想卻不容易。尼采告誡大家，實現夢想要按部就班，腳踏實地，一步一個腳印地朝目標邁進，如此才能笑到最後，笑得最燦爛。同時也告誡那些追求一朝成名者，花開得快，謝得也快。

在此，我們不討論天才，換句話說是天生的才能！我們單指天賦有限的人，他們靠某些素養贏得了偉大，變成了人們所說的「天才」，關於這些素養的缺乏，大家的心中有數卻又諱莫如深。他們全都具有那種能幹匠人的嚴肅精神，這種匠人先學習完美地建造局部，然後才敢建造巨大的整體；他們捨得為此花時間，因為他們對於精雕細刻的興趣要比對於整體效果的輝煌更為濃重。打個淺顯的比方，怎樣成為一個小說家的方子是很容易開的，但是，要實踐就必須具備某些素養。為此不妨寫成百篇小說稿，每篇不超過兩頁，但要寫得十分簡潔，不要有廢話，使其中每個字都不可缺少，每天記下奇聞趣事，直到善於發現最言簡意賅，最有感染力的方式，不懈地蒐集和描繪人的典型和性格；首先抓住一切機會向人敘述，同時也注意聽人敘述，注意觀察，傾聽在場者的反應；像一位風景畫家和時裝畫家那樣去旅遊；從各種學科中去摘錄那些若加生動描寫便會產生藝術效果的東西；最後，沉思人類行為的動機，不摒棄這方面的每種教誨提示，白天黑夜都做此類事情的蒐集者。不妨在多方面的練習中度過幾十年，如此一來，在這工場裡造出的東西就可以公諸於世了。但是多數人是怎麼做出的呢？他們不是從局部而是從整體開始。他們也許一度做得挺漂亮，引人注目，但由於公正的、自然的原因，從此做得愈來愈糟。有時候，理智和性格不足以制定這樣一種藝術家的人生計畫，便有命運和困苦代替他們，引導未來者一步步透過他的手藝的所有必經階段。

學習

人真的有天賦嗎？沒有，天賦不過是相當長一段時間的學習、練習、掌握、同化、經驗。「笨鳥先飛」說的便是不停的練習、直到掌握飛翔的本領。一個人想具備所謂的天賦，唯一的辦法便是學習——活到老學到老。

有人說：米開朗基羅在拉斐爾身上看到了功力，在自己身上看到了自然；拉斐爾的功力靠的是學習，米開朗基羅自己的成績靠的是天賦。然而，認為此乃偏見、迂見，是懷著對大學究的敬畏的違心之說。

天賦，若非從前——不論是我們父輩時，還是更早——的一片段學習、經驗、練習、掌握、同化，又是什麼呢！而且，學習就是自己使自己有天賦——不過學習並非易事，不能光靠願望；必須善於學習。

在藝術家身上，常有一種猜忌或驕矜，一旦遇到異己的因素，就立刻鋒芒畢露，不由自主地從學習狀態進入防禦狀態。但是，拉斐爾和歌德卻並非如此，在他們身上沒有這種猜忌或驕矜。所以才顯得他們的偉大。

拉斐爾是作為一個學習者逝去的，當時他正在把他偉大的對手自稱「自然」的東西占為己有：他每天從中搬走一些，這是最高貴的竊賊，但他在把米開朗基羅的學問轉移到自己身上之前，他便駕鶴西遊了——他的這一離去，使得他最後的一批作品，一種新的學習計畫的開端，不夠完美，但相當出色，正是因為這偉大的學習者在他最艱難的創作中被死神打擾，而把他所憧憬的本可達到的最終目標一起帶走了。

學會沉默

有一句批評學問不足而又好誇誇其談的話：「半瓶醋響叮噹」，這樣的比喻實在是再貼切不過了。事實上，真正的強者往往隱藏很深，「大智若愚」便是此類人的通常特徵，何其要如此，尼采給出了答案，一個人倘若要在舞台上充當主角，就不應該留心合唱，甚至不應該知道怎樣合唱。

哦！你們這些世界政治大都市中的油嘴滑舌之徒，你們這幫年輕有才、求名心切的傢伙，你們覺得對任何事情——總會有點事情發生的——發表你們的意見乃是你們的義務！你們如此掀起塵囂，便以為自己成為了歷史的火車頭！你們總在打聽，總在尋找饒舌的機會，卻因此而喪失了一切真正的創作能力！無論你們多麼渴望偉大的作品，孕育的深刻沉默絕不會降臨你們！日常事務驅趕你們猶如驅趕蒼蠅，你們卻自以為是自己在驅趕日常事務，你們愚蠢的智慧使你們本末倒置——你們這些油嘴滑舌之徒唷！你們快在自己的見識中沒有立足之地了，你們卻還不自知。快醒醒吧，即使我很厭倦你們，但我又不得不提醒你們——倘若不如此我便心難安——一個人倘使要在舞台上充當主角，就不應留心合唱，甚至不應該知道怎樣合唱！

痛苦的智慧

在日常生活中，我們必須知道怎樣控制精力；一旦痛苦發出預警訊號，我們便要儘快地做好防備工作以免遭受風險。

在痛苦之中，除了喜悅之外，同時還有智慧，它和前者一樣，也是人類最佳的自衛本能之一。倘若並非如此，痛苦便早被袪除：沒有人不認為它是有害的，因為它的本質就是如此。

在痛苦中，船長大聲施令：「減帆！人類！」一個大膽的航海家必須知道怎樣在各種不同的海域航行，否則他無法久遠行駛，因為大海會毫不留情地把他吞沒。同樣，我們也必須要知道怎樣在日常生活中控制精力；一旦痛苦發出預警訊號，也就是要減速的時候了，因為某些危險或風暴即將來臨，而我們要盡可能做各項防備工作以避免受到風險。但是卻有許多人，在接近嚴重的痛苦時，違反了命令，於是當暴風迎頭襲來，他們便再也無法快樂，同時也神氣不起來了。事實上，痛苦本身已經充分給予他們寶貴的時間，奈何他們不能把握。

還有一些英雄好漢，他們是人類之痛苦的製造者，這少數人只需要和一般痛苦同樣的代用品便可——而代用品並不能否定他們的偉大！他們是保存和推動人類的一股極為重要的力量，因為他們反對驕矜造作、自以為是的安逸愉悅，並且毫不隱飾對這種快樂表示厭惡。

人類的三種毒害

有句古話說：好當面誇人者，也必好背後毀人。意思是說，喜歡當著人家誇人的人，也必定是喜歡在背後說人壞話的人。同樣，教人祝福者必也教人詛咒，在這世界上最受詛咒的三件事物是什麼呢？尼采說，那便是：色慾、權力欲和私慾——這三者便是迄今為止最受詛咒與爭論的。

教人祝福者必也教人詛咒，在這世界上最受詛咒的三件事物是什麼呢？色慾、權力欲和私慾——這三者便是迄今為止最受詛咒與爭論的。

對於輕蔑肉體的苦行者來說，色慾有如受椎心刺骨或火焚般一樣痛苦，同時也像「這個世界」一樣，被所有的遁世者所咒，因為它往往會嘲諷並作弄那些犯錯而步入歧途的教師。

對那些地位低下的群眾來說，色慾是烘燒他們的慢火；但對於蟲蠹的木頭或骯髒的破布而言，它則是常備的火爐。

對於自由的心靈來說，色慾乃是一種天真的自由，同時也是大地的花園之幸福，以及未來對於現在的感激之情。

對於懦弱者而言，色慾是一種甜蜜的毒藥；但對於有著獅子般的意志的人而言，它則是一帖很好的強心劑以及陳年的酒。

色慾是一種至高之幸福與希望的最佳快樂之象徵，因為對於多數人而言，它允許婚姻行為的意義甚於婚姻形式的本身。

對多數人來說，他們對於彼此的不了解還甚於男女之間的一切——又有誰會悟到男女彼此之間是多麼的互不相知！

權力欲是冷酷無情者甘之如飴的鞭笞，是用來對付殘忍至極者的酷刑，是焚身之火的煙焰。

權力欲是所有游離之道德的嘲弄者，是黏附在最虛榮之身上的毒虻，是粉碎與顛覆空洞而腐朽之一切的地震，是毀除偽善者粉飾之幕的破壞者。

在權力欲的逼視下，人類甘願俯首匍匐於其前，其可憐的舉止連獵物都不如——直到不凡的輕蔑從他內心發出吶喊。

權力欲是不凡之輕蔑的可怕教師，它當著城市與帝國的面大聲吆喝：「你滾吧！」——直到它們也發出吶喊：「我走好了！」

權力欲甚至誘人地攀附在純潔者、孤獨者以及自足的崇高者身上，同時也有如渲染在天邊之紫色幸福的愛情般地發出光熱。

當居高位者想去遷就於權力時，還有誰會稱權力欲為一種熱情呢？真的，在這種熱情和遷就之中絲毫沒有任何病態的成分！

但願孤獨的高處並不永遠孤獨和自足，也願高山能降臨深谷，高處的風則能吹至平地。

呵！誰能給這份渴望一個適當而尊榮的名稱呢！

私慾，這個強壯而有力的靈魂擁有一個美麗、喜悅而和諧的高等肉體，而在這肉體四周的一切便成了一面鏡子。這柔順而善道的肉體，這舞者，他的象徵與一切乃是自得其樂的心靈。而肉體與心靈的自得其樂自稱為「道德」。

此種自得其樂便用善與惡的言辭來保護自己，就像用聖潔的手套來護理雙手一樣，同時用幸福來命名以此袪除所有可輕蔑的一切。

自私它袪除了所有懦弱的一切，它說：「惡——便是懦弱！」它認為，那些時常嘆息、抱怨者都是卑賤而不值一提的。

同時，它也輕蔑所有苦樂參半的智慧。它視羞怯的懷疑為卑下的情操，所有將誓言看得比相識與握手還重的人必然也對智慧十分懷疑——因為這便是懦弱之心靈的典型模式。

它認為那些躺在地上搖尾乞憐而又媚態十足者更是卑下的。當然不排除那種搖尾乞憐而媚態十足的智慧。

它痛恨且看不起那些只知一味容忍所有鄙夷與難堪而從不反抗、忍受一切與滿足一切的人——因為這是奴才的典型模式。

不管他們是受役於人類的愚見還是屈服於眾神的鄙夷，都會受到它無情的唾棄。

虛偽的智慧——它這樣稱呼所有奴顏婢膝，老態龍鍾與衰弱無力的智者，尤其是教士們一切荒謬而瘋狂的行徑！

然而，那些偽智者、教士、厭世者與奴才之本性的人——呵，他們都一味在殘害私慾！且他們稱此種殘害為道德的行為，是一種美德！

呵！誰能給這份私慾定一個適當的名稱呢？

人生的勸誡

人生要想達到輝煌的頂點，要想飛往高處，必須得先學會站立、慢走、快跑、跳躍，攀爬、如此才能去到想去之地。當然這當中要輕裝上陣，而不要為功名利祿所累。

駝鳥跑得比馬快，但牠還是會把頭插入沉重的地裡——不能飛翔的人類便是如此。

大地和生命對於人類而言是沉重的，誰若想變得輕盈如鳥，就必須得先愛自己——我如此告誡你們。

絕不可用神智不清或患病時的愛來愛自己，因為即使他們的自愛也是不可聞的，總存在些異味！一個人必須先學習如何愛自己——我如此告誡你們——務必要用健康而正常的愛來愛自己，這樣，一個人才能與自己安然相處而不至於到處流浪。

這種流浪自稱為「自愛」。這些字眼本來就是最佳的謊言和欺騙，尤其對那些一直是人類的沉重負擔者來說更是如此。

事實上，並沒有誰強迫你要你們在今日或未來去學習怎樣去愛自己。這毋寧是所有藝術之中最為出色、精巧與深具包容性的一種。

擁有者對於其擁有的一切都是深藏不露的，屬於自己的珍藏總是要到最後才會被挖掘出來——這些都是由嚴肅之精神所造成的。

當我們還在襁褓中時，就已被賦予了許多沉重的名詞和價值：「善」與「惡」——它自稱為天賦。就是由於這些名詞和價值之故，我們的生存才得被寬容。

而當我們忠實地將天賦的一切承擔下來，而背負著它越過險峻的高山！汗如雨下時，人們便說：「生命就是一個非常吃力的重負！」

然而，也只有人本身才是一個非常吃力的重負！因此他的肩上扛著太多外來的東西。他有如駱駝般地屈膝下跪，然後讓人將重負置於其上。

尤其是那種強壯足以負重而心懷敬意的人，身上背著更多外來的沉重之名詞價值——因此，生命對於他來說彷彿就是一個沙漠！

事實上，許多原本屬於我們的東西也很難背負的！人類有許多內在的東西就像牡蠣一樣，滑手又不討人喜歡。因此，他們必得有一個精緻的外殼，以此來為自己掩飾。其實，我們真的得學習這種藝術：要有一個外殼、一個美好的外表以及聰明的頭腦！

人是不容易被發現的，尤其最難被自己發現。要是有人能發現自己，他便會說：「這就是我的善與惡。」

於是，那些口口聲聲主張「全體的善，全體的惡」的瞎子和侏儒便都不再說話。

真的，尼采不喜歡那聲稱一切皆美，稱這個世界是最好的世界的人，尼采稱他們為無不滿意者。

滿足，它知道如何去品嚐一切——那卻不是最上乘的滋味！尼采很佩服那些執拗而挑剔的舌與胃，它們都知道說「是」和「否」。

總之，去咀嚼一切、消化一切——這就是豬的本性！嘴裡永遠是「咿啊」——事實上，也只有驢子樣的人才會如此！

尼采不喜歡駐留在人人噁心與唾棄的地方：這就是尼采的性格——他寧可和小偷與偽證者生活在一起。

不過，尼采更憎惡那些舐人口水者，他認為他們是人類當中最可厭的動物，尼采叫他們為「寄生蟲」。他們不想去愛，卻要依愛而活。

那些只有一個選擇——不是成為猛獸，便是成為猛獸的馴服者十分不幸。

那些必須永遠等待的人——他們十分不幸。

說真的，人要學會等待，且是一心一意地——然而，「我」只等「我」自己，「我」學會了站立、慢走、快跑、跳躍、攀爬和跳舞。

這便是尼采對人生的告誡：要想飛翔的人必須先學習站立、慢走、快跑、跳躍、攀爬和跳舞——他是不能一下子就飛起來的。

世俗的智慧

誰若不想枯萎於人群之中，就必須學習利用其所有的杯子喝水；誰若想在人群之中保存潔淨，就必須懂得如何利用水擦洗自己。

高處並不可怕，可怕的是陡峭的斜坡！

站在斜坡上，雙眼向下凝視，而雙手卻向上攀登，那裡，兩重意志會令所有人感到一陣眩暈。

噢，親愛的朋友，你們能否猜出尼采心中的那兩重意志。

這，這便是尼采的陡坡和尼采的危險，尼采的目光投向最高的頂端，而手則想抓牢並倚靠在深處！

尼采說：「我的意志附因於人類，我用鏈子將自己和人類緊緊縛於一體，而實際上我是要被拖拽向超人的，所以我的另一個意志要往那裡去。」

「也因此，我才目無所視地生活在人們中間，就好像你們的存在與我無關：這樣我的手才不致完全失去了牢靠之物的信賴。」

「我並不知道你們這些人類──這種陰鬱和慰藉常常散布在我的周圍。」

「為那所有的無賴，我坐在門口問道：誰想騙我？」

這是尼采的第一個世俗的智慧！尼采寧讓自己受騙，也不願去傷害提防欺騙者。

「這先兆支配著我的命運，因此我不能有先見之明。誰若不想枯萎於人群之中，就必須學習利用其所有的杯子喝水：誰若想在人群之中保存潔淨，就必須懂得如何利用水擦洗自己。我常常這樣自我安慰：勇敢一點！振作一點！老邁的心啊！既然不幸降臨到你身上，又何妨將它當作幸福來享受呢！」

這是尼采第二個世俗的智慧：容忍虛榮甚至容忍高傲。

飽受創傷的虛榮難道不是一切悲劇之母嗎？然而在高傲負傷之處，還會滋生一種比高傲更佳的東西。

倘使想要生命這齣戲博得大家的欣賞，就必須好好地表演，故此得有好的演員。

你仔細觀察便能發現每個虛榮的人都是十分出色的演員，他們竭盡全力的演出，只希望能博得觀眾的掌聲——他們的整個精神都投注在這個希望之中。他們表演自己，也因此發現自己。靜坐一旁在他們的同類中觀察人生——這樣可以醫治憂鬱。

人要學會忍受虛榮者，是因為他們能治療我的憂鬱症。

況且，誰能想到虛榮者之謙慕之深度！要欣賞他們，也同情他們的謙卑。

倘使說真正的道德乃是不自知——那麼，虛榮的人便是不知道自己的謙卑！

這是尼采的第三個世俗的智慧：尼采不會因為人們的膽怯而對惡人感到厭煩。

尼采說：「說實話，我覺得你們當中的大智者似乎不是真的那麼聰明；同時我亦發現人類的弱點並沒有如一般所說的那麼拙劣。」

真的，善良者與正直者，有許多可笑的地方，尤其是對於所謂「魔鬼」的恐懼！

在你們的靈魂裡，你們反對那些偉大的，以致當超人表現出親切的時候，你們也會感到害怕！

你們這些智者與學者想要躲避智慧的炙晒，而超人卻在那裡高興地赤裸著身體洗浴！

尼采說：「你們這些智者啊，我看透了你們，我已對這些最高等與最好的人感到十分厭倦與不耐煩，我渴望從他們的高處再上升得更高更遠，以達到超人之境！」

「當我目睹這些最好的人一絲不掛時，頓時感到一陣莫名的驚恐，於是便振翅飛往遙遠的未來，飛往那諸神羞於所有的穿著的地方！」

「鄰人與同伴啊，我希望你們都能裝扮得像那些善良者與正直者一樣地體面、自得而可敬。」

「而我也要自行裝扮一番，然後混坐在你們當中——這樣我便能和你們融為一體。」

這是尼采最後一個世俗的智慧。

新的告誡

有一句諺語說：改變不了他人，就改變自我，可見改變一個人有多難。因此，我們無需對一個人過分地進行懲罰、責備督促，因為，我們通常很難改變一個人。相反，或許在不知不覺中，自己反被他人改變。

不要再對懲罰、責備和督促花費太多的心思！那只會浪費你的時光，我們通常很難改變一個人的，相反，或許在不知不覺中，我們會被他人改變。

因此，我們還是多留意讓我們駕馭未來的力量勝過他的力量吧！我們千萬不要在直接的衝突中爭鬥——包括所有的責備、懲罰和求好的心。但我們要不斷地提升自己，以便凌駕一切！讓我們為自己的形象添加更華麗輝耀的色彩！以我們的光亮令別人黯然失色！不！我們無意為他而使自身成為令人失色的人，就像那些掌懲罰之權而又憤懣不平的人！我們寧可站到一邊去！轉過臉去看別的地方！

卷二　天才的感悟

天才總是孤獨的，天才的感悟總是充滿智慧的。尼采的感悟裡充滿了痛苦的體驗，但正如浩瀚宇宙飛逝的流星一樣，從他的著作中，讓我們在黑暗的天空看到了生命的光芒，他的感悟可以給我們現代人提供探索人生，探索生命的智慧和勇氣。

洞悉生命

如果你們能更加信仰生命，就不會自棄於一念之間。但是你們的內心仍有所不足，所以你們還不能等待——甚至也不能偷懶！

尼采認為人應該熱愛生命，但與其你的存在不能給世人做出貢獻，相反在欺騙、在嘲弄人時，你還不如放棄生命。

這個世界到處充滿著多餘的人，他們就像垃圾，給地球帶來的盡是汙染，此外一無是處，生命早已被這些人糟蹋汙染，對這樣的人，就讓「永生」誘引他們離開這個生命吧！

人們稱死亡的說教者：「黃人」或「黑人」，事實上還有外表披著別的色彩的死亡說教者。

他們當中最為可怕的，便是那些內心充滿了掠食的獸性，除了肉慾和自我之外，別無選擇——甚至他們的肉慾也不外是自我。

好在此種可怕的生物還沒有變成人類。但願他們能對自己作一番離棄生命的說教，讓他們自己先行消逝，如此便不至於危害世人。

死亡的說教者是精神的蠹蝕者，我們應該助他們一臂之力，幫他們達成其願望！因為他們生存，便會去迷惑世人。比如，倘若他們遇見一個病人，或者死人，他們便會立刻說：「看！生命被駁倒了！」

事實真的如此嗎？不是！真正被駁倒的是他們自己，以及他們那僅能看到存在之一面的眼睛。

他們沉浸在深深的憂鬱中，並渴望那致命的小變故——他們咬著牙期待的神情就像幼鷹渴望母親銜食歸來。

或者，他們伸手去取甜食，卻又嘲笑自己的稚氣。他們將生命懸掛在一根稻草之上，卻又嘲笑自己依然如是。

他們的智慧說：「還活著的人都是傻子，這是生命中再愚蠢不過的事了！」

「生命只是痛苦而已。」有人這麼說，這倒是一句大實話，倘若你想終止痛苦，那就終止一切吧！終止生命也就是終止痛苦。這又是死亡之說教者的託辭。

「你應當殺掉自己！」某些死亡之說教者如是說道，「讓我們彼此分離而不要生育後代！」

「生育是苦。」「為什麼還要生呢？人們只會生一些不幸者！」這些人也是死亡說教者。

「憐憫是需要的」，還有的人說，「取走我的一切，取走我這個人吧！如此我將少受生命的束縛！」

假使這些人真正是慈悲的，他們也會影響到其鄰人，使他們也厭棄生命。要成為惡——那才是他們的善。

然而，他們想丟棄生命。即使他們的鏈條和贈物緊緊纏著別人，他們也會毫不在乎的！

相反，生命對於你們來說，是一件永無憩息的粗活。難道你們對生命不曾感到倦怠嗎？你們不是已成熟得能坦然接受死亡之說教了嗎？你們認為粗活和所有新奇的東西都很可愛——你們受夠了自己，你們不分晝夜的工作僅僅是一種自我逃避的行為。

倘使你們能更加信仰生命，便不會自棄於一念之間。但是你們的內心仍有所不足，所以你們還不能等待——甚至也不能偷懶！

環顧四周，到處都能見到死亡之說教者，聽見說教者的喧譁聲，對這類人，尼采極力主張他們快點離開這個世間！此外的人群，願你們熱愛生命！

適度放縱

你要想去羞辱任何一個人，還不如怒斥他！如果有人使你們受到極大的委屈，那你們也可以馬上將幾個小委屈加在別人身上——因為讓人獨自受委屈是一件很難堪的事，事實上，一個小小的報復比完全不加報復較近乎人情。

一個人，倘使你有仇敵，千萬不要以德報怨，因為這樣會使他感到恥辱。相反，你要證明讓他知道：他做了件對你有益的事。

為了使大家更好的理解這個道理，尼采給大家講了個故事：

有一天，一個人在一棵樹下睡著了，由於天氣十分炎熱，所以他用手臂掩著臉。突然有條蛇在他的頸子上咬了一口，他痛得跳了起來。他將手臂從臉上移開，並注視著那條蛇，那蛇也看出了他異樣的眼神，於是笨拙地扭身想逃。「且慢，」他說，「我還沒有向你道謝呢！我的路程還很遙遠，是你及時將我從夢中驚醒。」「我想你的路程不遠了，我的毒液是能致人於死地的。」他微微一笑，「你幾時見過一條龍因為中了一條蛇的毒而死的？」他說，「將你的毒液收回去吧！你的毒液並不多得足以送給我分享。」於是那條蛇又爬到他的頸子上，吸吮牠的毒液。

事實上，與其去計較一個人的過失，還不如往好的地方轉移，便也能心平氣和。

當然，你要是想去羞辱任何一個人，還不如怒斥他！如果有人使你們受到極大的委屈，那你們也可以馬上將幾個小委屈加在別人身上——因為讓人獨自受委屈是一件很難堪的事。而假如，大家都受到不公平的待遇，便也就是另一種公平了。

事實上，一個小小的報復比完全不加報復較近乎人情。

人要死得其時

對那些危害社會的人來說，他們的存在是生命的一種失誤——他們的心靈被毒蟲所掌控。如此，不妨讓他們知道，他們的死等於是一種成功。

有許多人死得太晚，而有些人則又死得太早。不過最讓人感到怪異的還是這句格言：「人——要死得其時！」

事實上，那生不得其時的人，又怎麼可能會死得其時呢？像這樣的人，最好是他不要生。

不過，這樣的人把死看得很重而煞費心機，就像最空的核桃也想讓人敲破。

每個人都把死亡當作一件大事，然而，死又稱不上是什麼重大的慶典節日，因此，人們還不知道該怎樣來安排舉辦。

在此，尼采要讓你們知道，什麼是圓滿的死亡，明白了這點，那對活著的人便是一種鼓舞與允諾。

那些有成就的人志得意滿的離開人世，一些滿懷希望與信誓旦旦的人則圍繞在他的身邊高唱讚歌。

一個人就得學習這樣的死亡。倘若一個人的離去無法使活人的誓言獲得神聖的敬意，那便自然不會有任何慶典了。

這樣的死是最有價值的，其次是死在戰場上，因為在那裡能將一個偉大的靈魂奉獻出來。

尼采說能讓人們讚美的死亡，那便是自願的死亡。自願的死亡唯有在你需要的時候，它才會到來。

那你什麼時候需要死亡呢？——那有目標、有繼承者的人，只在為達到目標和讓繼承者接替時，才需要它。

為了表示對目標和繼承者的尊重，他絕不會將已經枯萎的花環懸掛在生命的寶殿上。

還有許多人在自己的真理和勝利面前變得老朽不堪，一張沒有牙齒的嘴對於一切真理沒有發言權。

對於那些追求盛名的人來說，應當在合適的時機裡捨棄那些虛浮的榮耀，而表現出難得的見地——便是及時而退。

當一個人正在享受最為香甜的東西的時候，就要謹防他人的偷享——這個道理對於那些想要受人長久喜愛的人都知道。

有很多酸澀的蘋果，它們的命運無疑是得等到深秋的最後一日——那時，它們都已成熟，然而卻也是枯黃而乾癟了。

對於有些人來說是心先老，還有些人則是精神先老。有些人年紀輕輕看起來老態龍鍾，然而，晚成的年輕人卻能永保青春。

對那些危害社會的人來說，他們的存在是生命的一種失誤——他們的心靈被毒蟲所掌控。因此，不妨讓他們知道，他們的死等於是一種成功。

有許多人從來不會變得對這個社會有益，他們甚至一出生便開始危害這個社會，貪圖安逸、享樂使得他們緊守生命而不甘自願死去。

像這樣苟且偷生的人實在太多了，真希望颳來一陣正義的旋風，將這些腐朽的生命徹底摧毀。

說真的，那個被長生之說教者所尊敬的希伯來人（耶穌）死得太早了，他的離去，對於眾多的後人則是個大不幸。

他應該留在荒野，並遠離那善人君子的！這樣，或許他早就學會了怎樣生活和熱愛大地——以及如何發笑！

親愛的朋友們，願你們的死並未瀆及人類和大地，願你們的精神與道德在死亡中仍能像黃昏的落日餘暉般照耀著大地，倘若不能如此，你們的死亡便沒有任何意義。

施予

用你的道德力量使大地不受虛偽的汙染！讓你的施予之愛灌注到大地的意義中去吧。

金子之所以能獲得高度的評價，只因它是最高價值的象徵。最高的道德是難得而無價的，同時還散發著柔和的光澤——施予的道德乃是最高的道德。

親愛的朋友，大家都一樣，都在追求那施予的道德。

你們一心想使自己變成犧牲品與禮品，因此渴望在靈魂深處貯藏所有的財富。

你們的心靈對於珍寶的追求是那樣的貪而無厭，你們的道德在施予的意念中永不知足。

你們強迫一切歸向你們而將其吞沒，然後再從你們的源頭倒流出來，以作為你們對其示愛的回贈。

事實上，這樣的施予之愛必然會成為一切價值的剝奪者。但是，尼采認為這種自私的行為是正常而神聖的。

此外有一種自私，因太過貧困而饑饉，因此便常犯偷竊——這是一種病態的，不正常的自私。

此種病態的自私會用其貪婪的賊眼關注一切發光的東西，同時也會用饑饉的渴求來打量油水豐富的人，此類自私者永遠在施予者的周圍轉圈。

疾病與無形的退化在這種渴求中喁喁私語，這個自私之竊賊一般的渴求，正訴說著一個病態的肉體。

不良和壞是什麼呢？那不是腐敗嗎？

我們所走的是進化之路，從同類到超同類。但腐敗的心說：「一切為我自己」——那是我們的一種恐懼。

我們的意識向上飛揚——如是，其亦為肉體的一種擬態，提升的擬態。而這類提升的擬態便是各種道德的名字。

肉體如是通過了歷史，一個創造者和戰鬥者。至於精神——對於肉體來說，它又是什麼呢？是肉體之戰鬥與勝利的先鋒，夥伴和響應。

一切善與惡的諸名都是象徵，它們只暗示，而不能說明什麼。也只有傻子才會去這些稱謂中找尋知識！

當你們的精神，想用象徵來表示什麼時，這時，你們的道德便肇端於此。

那將是你們肉體的提升與復甦，因為它的喜悅，精神也頓時達到忘我的境地，所以它變成了創造者、價值評估者、充滿愛心者、以及萬物之施惠者。

當你們的心靈像大河般地泛濫時，對生在低窪地方的人來說是既幸福而又危險的——你們的道德便肇端於此。

當你們將所有的毀譽褒貶置於度外，而你們的意志如充滿愛心者般地支配著萬物時——你們的道德便肇端於此。

當你們蔑視了樂事、軟榻，而在休息之時又唯恐避之不遠時——你們的道德便肇端於此。

其實，那是一種新的善和新的惡！一種新的深奧之諷刺，一種新的流泉之嗚聲！這個新的道德是權力。

朋友，用你的道德力量使大地不受虛偽的汙染！讓你的施予之愛灌注到大地的意義中去吧！

千萬別讓你們的道德離地而飛，並以它的翅膀搏擊著永恆的牆壁！唉，有多少道德都迷途而飄失了啊。

像尼采一樣的引導那因浮躁而迷失的道德返回大地吧——是呀，迫於肉體和人生，這樣才可以給大地以它的意義，一個人類的意義！

迄今為止，精神自是如道德一樣，已經嘗試而失敗了千百次。是啊，人類就是一種嘗試。呵，許多的無知與謬誤卻已化成了我們的血肉！

不僅有千載的智慧——還有千載的迷妄，都在我們的身中爆發，因此做個繼承者是異常危險的。

我們仍在與偶然這一巨人在作逐步的爭鬥，而直到現在，荒謬和無知依舊控馭著整個人類。

朋友，將你們的精神與道德奉獻給大地的意義——讓一切的價值由你來重新評定吧！為了達此目的，你們要作鬥士！要作創造者！

肉體十分明智地淨化了自己：它以知識來提升自己；一切本能在求知者的心中聖化；而超越者其內心則充滿喜悅。

千萬條道路尚未被人踐踏過；千萬種有益健康的天然資源和隱藏的生命之島也尚未被發現過。人類和整個世界還沒有被加以開發利用過。

上帝並不存在

上帝只是一個臆想，一個概念，它並不存在。我希望你們的臆想是在可以想像得到的範圍之內。

在以往，只要人們瞭望遙遠的大海，便會提到上帝，然而，事實上：上帝只是一個臆想，一個概念，它並不存在。

尼采說：「上帝只是一個臆想，我萬分希望你們的臆想不要超出你們的意志。上帝從來就只是一個臆想，我希望你們的臆想是在可以想像得到的範圍之內。」

你們能想像得到一個上帝嗎？不行——那麼，就將一切改變成人類可以想像、目睹與能觸摸的努力作為你們追求真理的意志吧！你們應該將自己的理解力推至頂點！

你們所說的世界，應該是由你們自己一手創造的，你們的智慧、外貌、意志以及博愛，都應當轉變成自己的世界！之所以替你們如此主張，乃是為你們的幸福著想。

倘使不能保持這個希望，你們這些力圖超越自我者又怎能安圖現狀，你們是絕對無法生活在一個不可理解和沒有理性的世界的。

尼采說：「我親愛的朋友們，我告知你們以肺腑之言：上帝並不存在。或許你們並不認同，但它現在卻引導著我。」

上帝僅僅只是一個臆想。有誰能飲盡這個臆想的苦酒而不死呢？難道他能從超越自我者處取得他的信仰，並借鷹翼而騰飛萬里嗎？

這種想法無異於人身體的急速旋轉而引起嘔吐。說實話，這樣的胡思亂想只會使人暈頭轉向。

尼采認為，一個人要想超越自我，上帝幫不了你什麼，因為上帝並不存在，想使自己越越自我，成為新生的嬰兒，唯有勇於作一個產婦，並甘願承擔分娩的痛苦。

同情的真諦

高貴者絕不使人受窘——而他自己卻在所有苦難者的面前無地自容。

尼采說：「我親愛的朋友們，我不喜歡那些慈善者，因為他們以同情別人為樂——他們太缺少羞愧之心。」

事實上，高貴者絕不使人受窘——而他自己卻往往在苦難者的面前感到無地自容。

尼采說：「倘使有一天，我不得不對別人表示同情，也絕不願別人也認為我是以同情他人為樂；倘使我真的要同情別人，我一定會站得遠遠地表示。」

「在別人認出我之前，我會掩面逃走。我親愛的朋友們，倘使你們要同情他人，也希望你們能如此！」

「我之所以這樣做，完全是替那些苦難者，那些可憐的人著想。事實上，自有人類以來，人就很少真正快樂過。我親愛的兄弟們，這才是我們最大的不幸和罪過。」

當我們學會了怎樣使自己更加快樂時，最好忘掉傷害他人和製造痛苦這兩件事情。

「因此，每當我竭力幫助完苦難者後，我總會用最快的速度洗淨我的雙手，以防止他認出我，並淨化我的心靈，以防止滋生同情他人為樂的心態。」

「我總是無法目睹苦難者遭受不幸而無動於衷，儘管我會因他們的懦弱而羞愧，但我仍會幫助他們，這時我便以深深地傷到了他那高傲的心，換來他的不滿。」

大恩徒然換來報復，而不能讓人產生感激之情，倘使些許小惠不被遺忘的話，最終他將變成一條蠶蝕的蟲。

不妨羞愧地接受別人的施予！以此來表現你的與眾不同吧，可憐的無可施予者。

然而，對那些乞丐，我們則應當完全摒棄，不要有絲毫同情心！對於他們無論是施予或不施予都只會令人生氣。他們就像可惡的蒼蠅，只會讓人大倒胃口。

此外，對那些罪人與惡人，我們也應當完全摒棄！親愛的朋友們，良知對他們來說沒有什麼作用，只會相反地促使他們像發瘋的蜂一樣見人就螫。

惡行就像是一個膿瘡，它發癢、過敏，然後潰爛。惡行唯一光明正大之處便是宣稱自己是一種疾病。

呵，親愛的朋友！我們對每個人都了解得太少太少！固然有很多人之於我們是很透明的，但我們依然不可能洞悉他們的內心！

要和人類在一起生活十分困難，因為你很難保持沉默。

倘使你有一個臥病的朋友，那麼你就作為他的休養之所吧。然而倘使有一張床——這樣你才能使他很快痊癒。

然而，若是有個朋友背地裡做了對不起你的事，你則不妨說：「我原諒你對我所做的一切。」然而，倘若你自己犯同樣的錯誤——那讓我如何原諒你呢？

因此，我們必須牢牢掌握我們的心靈，倘使讓他一旦溜掉，我們的頭腦便會立即陷於停頓！

唉！還有誰會做出比同情者的愚行更令人痛心的事呢？

充滿愛心者倘若不能超越他的憐憫之情，則將是一件十分可悲的事！

魔鬼曾說：「上帝也自有其地獄——那便是他對於人類的愛。」

是啊，上帝已經死了——是他對於人類的那份憐憫害死了他。

因此你們要謹防憐憫，它會為人類帶來一片厚重的雲！

親愛的朋友，請務必牢記這句話：所有的大愛都凌駕於憐憫之上，因為它想創造所愛的一切，請將自己獻於你的愛。

卑賤者的嘴臉

尼采主張消滅弱者和劣者，他主張消滅千百萬個粗製濫造者以塑造未來的人，這樣的觀點未免過於偏激，試問，誰能在所有方面都超過別人呢？

生命是一口快樂的泉水，但卑賤者所飲的地方，泉水都被毒染了。

誰都喜愛一切明淨的東西，而厭惡看到不潔者的血盆大口與其飢渴的模樣。

他們俯視泉水——於是他們那醜惡的嘴臉便由泉底反射回來而投向我們。

他們的貪欲致使這口神聖的泉水被毒染，而當他們自鳴得意地稱齷齪的夢為歡樂時，便也毒染了這個字眼。

當他們將其染毒的心投擲於火中，火便怒燒起來，而當那卑賤的群眾靠近那火時，其精神也跟著因沸騰而冒煙。

果實落在此類人的手中，即刻腐爛；他們的窺望使果樹乾枯而凋零，許多人之所以甘願這樣放棄生命，只是為了想躲避卑賤的群眾——他們不願與卑賤者分享泉水、熾火與果實。

許多人寧願跑到荒漠中去和猛獸為舞，並忍受飢渴之苦，也不願與卑賤者一同坐在水池邊。

許多人，他們來到這裡完全是一個破壞者，他們的危害程度就像冰雹對於稻田，他們只想把自己的雙腳置於那些卑賤者的嘴裡，以此來堵塞他們的喉嚨。

只是，尼采曾提出過這個問題，生命也需要卑賤的人嗎？

是的，這些都是需要的。毒染的泉水。難聞的熾烈。齷齪的夢。以及迷惘的蛆蟲。

不是「我」的仇恨，而是「我」的嫌棄，飢餓地咬嚼著「我」的生命！

尼采說：「唉！當我看到了卑賤的人也有精神，我就連精神也厭棄了。」

「我離棄了統治者，因為我發現這些統治者口中所說的統治僅僅是和卑賤者在作權力交易和討價還價。」

「我把耳朵堵住，然後和說著陌生語言的人居住在一起，如此，我便能對他們在作權力交易時所說的一切充耳不聞。」

「我掩著鼻子，然後愁眉苦臉的度過昨日和今日。因為那些舞文弄墨之卑賤者的以往和目前的氣味都實在很難聞！」

「為了不和那些出賣權力的卑賤者、舞文弄墨的卑賤者和迷戀淫樂的卑賤者同在一起。我將自己裝扮成一個既聾又啞且盲的殘廢者。」

「我的精神萬分小心而吃力地逐步登梯，它的慰藉便是歡樂的施捨，而生命就在盲者的手杖上悄悄地溜走了。」

「那麼，我又是怎樣從這厭惡之中獲得解脫的呢？是誰讓我的眼睛恢復神采呢？我又是怎樣飛到那沒有卑賤者坐在泉水邊的高處去的呢？」

「是我的厭棄為我創造了翅翼和預測泉源的力量。真的，我必須飛到那最高之處，再去找尋歡樂之泉。」

「呵，我親愛的兄弟們，我找到了！在這最高之處，歡樂之泉為我一人噴湧著！這是一個沒有卑賤者與我共飲的生命！」

親愛的朋友們，請將你純潔的眼光投到你歡樂之泉裡來吧！它將回報你一個純潔的微笑。

我們要像狂風似的生活在卑賤者的上空。與風為鄰，與雪為鄰，以及與太陽為鄰——作為狂風便當如此。

作為狂風要忠告自己的敵人和亂吐口水者：「小心，不要逆風而唾！倘使如此，受辱的只會是自己。」

貪婪者的劣根性

貪婪者的劣根性便是善愛大地和大地上的一切，他們的愛往往不懷好意，他們用精心偽裝的面孔示人，在人們放棄警覺性的瞬間，他們便會發起攻擊，此類人物的最後下場注定將是屍骨無存。

當月亮升起的時候，他在地平線上顯得那麼沉重而豐滿，尼采預言他大概要誕生一個太陽。

其實他是在以其大腹便便的模樣騙人，不錯，這個膽怯的夜遊者並沒有什麼男子漢氣概，他不懷好意地悄悄越過屋頂。

他十分貪婪與嫉妒，他貪戀於大地與一切情人們之歡樂。

尼采說：「我十分討厭他，他就像是蹲踞在屋頂上的雄貓！我討厭那些繞著半開的窗子潛行的東西。」

「儘管他萬分虔誠地從群星的地毯上默默走過——但我卻討厭那種躡手躡腳而不發一絲聲響的走路方式。」

任何一個光明正大的人走路都會發出聲音，但是貓卻悄無聲息地四處奔竄。看啊！那月亮像貓一般地偷偷過來了。

對你們這些敏感的偽善者、「純粹的求知者」尼采替他們命名為貪婪者！貪婪者，你們也熱愛大地和大地上的一切，然而，你們的愛不懷好意，並有幾分羞慚——你們就像月亮一樣。

你們的精神相信人言故而鄙夷大地的一切，但你們的內臟卻依然如故——而它們恰恰是你們身體裡最強的部分！

現在，你們的精神恥於和不甘於接受內臟的驅使，故而它藉著小道和僻道以逃脫自己的羞慚。

「那當是我最高尚的事！」——你們那愛撒謊的精神這樣自言自語——「便似吐著舌頭的狗一樣，不懷任何慾念地凝視著生命——在凝視中自有快樂。此刻完全斷絕意念，沒有任何自私的貪求和占有——整個軀體有如槁木死灰，而只剩下一雙朦朧如月般的明眸！」

「我認為最可愛的事，便是像月亮一樣地熱愛大地，只用眼睛來感受它的美。對萬物不存在任何妄想，而只求能置身於它們面前，就如置身在一面多面鏡面前一般。」這受人迷惑者又這樣誘引自己。

啊！你們這些善於偽裝的偽善者，你們這些充滿貪欲的人喲！在你們的願望中你們缺乏純真；因此，你們要誹謗慾念！

真的，你們根本不像創造者、生產者與內心充滿喜悅者那樣熱愛大地！

愛和死，永久相伴。求愛的意志也是求死之意欲。

然而，你們仍然虛偽地稱自己無神的眼光為「沉思」！而將懦弱的眼光來審視一切當作是「美」！啊，你們是高貴之名的冒瀆者！

你們這些無瑕者與純粹的求知者啊；永遠不能生育將是你們所受的詛咒，雖然你們沉重而大腹便便地躺在地平線上！

真的，你們這些哄騙者想用滿口高貴的言語來誘引我們相信你們的內心在澎湃嗎？

你們這些「純潔者」在自己的面前掛了一個上帝的面具，而你們那慾念、謊言早已爬入那個面具裡面了。

你們這些「沉思者」真會騙人！甚至於連我也曾感動於你們那種神聖的外表，我沒有想到在這外表的裡面塞著的是慾念、是謊言！

白晝也降臨到了你我的身上——月亮的羅曼史也就此結束！

看吧，月亮在黎明來臨之前驚慌得臉都變得蒼白了！那不正像貪婪者面臨大公無私者的挑戰嗎？他們恐慌了，因為他們明白，自己精心偽裝的，虛無的愛即將在這大公無私、純粹無邪的愛面前粉身碎骨，貪婪者最後的下場注定將是屍骨無存。

自我偽裝

人類是虛偽的，虛偽的人類為達到自己不可告人的目的便會刻意避免任何可笑、粗魯、優越之舉，他們會努力掩藏自己的所長，壓抑最強烈的願望，小心謹慎地去適應環境，透過自我貶抑、屈從於等級秩序，以此逃避敵人和保護自我。

避免任何可笑、無禮和優越之舉，壓制自己的所長以及最強烈的願望，主動適應環境，自我貶抑，屈從於等級秩序；所有這些上流社會的繁文縟節作為一種原始形式的社會道德是普遍存在的，甚至見之於動物世界的一般水準；正是在這種動物世界的一般水準上，我們才徹底地看清了這一切可愛的花招的真實目的：如此的壓抑與委屈自己的最終目的；便是逃避敵人的打擊和幫助自我捕食。基於此，動物便學會了將自我變成周圍環境的色彩，裝死或者模擬其他動物或是枯枝、敗葉、毒苔的形狀和顏色（英國研究者稱為「擬態」）。

同樣，個人也學會了偽裝，把自己隱藏在「人」這頂帽子底下，或者披上了王族、政黨、階級、他的時代或地區的意見的虎皮：所有這些使我們看起來滿面春風、不同凡響，無所畏懼和令人傾倒的錦囊妙計，其實與動物世界的那些伎倆沒有什麼兩樣。甚至那真理感，亦不過是人與動物共有的安全感：我們不想讓自己誤入歧途，我們亦不想讓自己上當受騙，我們在信任地傾聽著我們的激情的呼聲，我們拉緊我們理智的韁繩和等待我們自己的清醒，動物做起這一切絲毫不比人遜色，牠們的自我控制也同樣來源於實在感（來源於謹慎）。牠們也察言觀色，辨別其他動物對自己的反應，並根據此種反應再回過頭來觀察自己，把自己「客觀化」，牠們也有某種「自我意識」。動物對牠們的敵人和朋友的行為做出評價，記住牠們的特性並採取相應的對策：牠和某些種類的動物締結永久的和平協定，同樣也能從其他一些動物走近的方式中辨認出牠們所具有的和平友好的意向。公正、謹慎、中庸、勇敢，總之，所有我們所謂的蘇格拉式的美德，其起源都是動物性的，都是促使我們尋找食物和躲避敵人的同一種本能的產物。在此把整個現象說成是動物性的也並非不合適。

意識的作用

意識總在你不自知的時候來影響你，意識的敏銳和力量一直都與一個人（或動物）的溝通能力成正比，而溝通能力在現實生活中又和溝通之需要成正比——後者相對難以了解，就像個人自身掌控著溝通的技巧，並明白其需要同時還必須依賴他人的需要。

當我們開始感知要用何種方法才能免除意識時，才會有意識——或更正確地說，便是意識到自己的問題。在這種感知之始，我們才以生理學和動物學來討論它（因此需要兩個世紀的時間來趕上萊布尼茲事先提出的暗示）。因為事實上，我們可以思考、感覺、希望和追憶，且在各種類似的感知上均能有同樣的「表現」，然而這種種都不需要有意識。

整個人生就好像在鏡中一樣，你根本無法看穿自己；我們的思想、感覺和自由意志的生活亦然，雖然此種論調在年紀較大的哲學家聽來頗覺痛心。倘使意識是不必要的，那麼它的目的為何？倘使你聽我的回答，這次假設或許也毫無理由：但在我看來，意識的敏銳和力量一直都與一個人（或動物）的溝通能力成正比，而溝通能力在現實生活中又和溝通之需要成正比——後者相對難以了解，就像個人自身掌控著溝通的技巧，並明白其需要同時還必須依賴他人的需要。但是，在我看來，這似乎與整個種族以及世代之承襲有關，日常的必需品和需要長久以來一直驅使著人們與其夥伴溝通，並迅速而敏銳地明瞭彼此，最後終於得到一種剩餘的權力和溝通的技巧。彷彿幸好他早已有所積聚，而現在就等著一個繼承者毫無吝惜地將其揮霍（所謂的藝術家就是這些繼承者，同樣的，雄辯家和傳道者，作家等亦然：這些人來自一長串繼承的末端，總是「晚生」，而就其字面上的意思來說，他們的本性原本就是個浪費者）。

意識大體上是在必須溝通的壓力下發展而成的，一開始它只有在人和人之間（特別是在上下主從的關係之間）才是必要和有用的，且只按其實用性的比例發展。恰當地說，意識只不過是人與人之間一種聯繫的線，也只有因為如此，它才會發展至今，隱士以及如野獸般的人便不需要它。事實上，我們的行為，思想、情感和情緒等，都是在意識範圍之內（至少是一部分），結果便造成一種可怕而持續的「必須」主宰人類的命運——身為最危險的動物，他需要幫助和保護，他需要友伴，他必須能表白他的苦惱，他必須知道如何使他人明白他的意思——為了這些種種，他首先便需要「意識」，他必須「知道」自己缺乏什麼，自己的感覺，自己的想法。

人就像各種生物一樣，在不斷地思考，但卻不自知；思想之成為意識的本身不過是其中最小的一部分，也可以說是最表面的一部分或最壞的一部分——因為這個思想的意識以語言（亦即溝通的象徵）便可表示，經由此，意識的起源也就揭露出來了。簡而言之，說話語言的發展及意識（並非理性本身，而是成為自我意識的理性）的發展，乃是攜手並進的。更進一步地說，人與人之間，不僅只有語言扮演橋梁的工作，而且還有容貌和姿態等等，我們逐漸意識到自己的感覺，我們是以穩定這些感覺並彷彿要將其置於我們自身之外的力量，凡此皆依象徵之憑藉以及與他人溝通之需要的增加比例而增加。

發明象徵這種工具的人通常也是自我意識較為敏銳的人；人因為是群居的動物，所以才會意識到自己——他仍然是在意識之中，而且愈來愈深刻，意識並不適合屈於單獨生存的環境，而這毋寧是由於其社交與群居的天性。由此我們可以推論，因為關係著自治和群居的效用，它才得以巧妙地發展；結果，雖然其最佳之意願乃在使每個人儘量了解自己，「知道自己」，而我們每個人卻都總是會意識到自身的非個人性，亦就是它的「一般性」，我們一想到它，常認為它好像會被意識的特性的壓抑——藉著其中專制的自大的「人類的天賦」——並解釋為對於群眾的透視。

基本上說，我們的行為乃是偏於個人，獨特且完全單一的態度（這是毫無疑問的）；然而，一旦我們將其轉化為意識，它們就再也不是這副模樣了。……這是所謂的現象論和透視論：動物意識的天性，涉及我們所能意識到的世界，只是表面和象徵性之世界的註解——我們所意識到的一切事物皆因此而變為膚淺，貧乏與相當的笨拙；一種普遍化、一種象徵、一種群體的物質、隨著意識的進化，總是連結著一種巨大而徹底的曲解、虛偽、膚淺和普遍。

最後，逐漸在成長中的意識乃是一種危險，任何與最具有意識之歐洲人相處的人甚至還知道它是一種弊病。我們可以測知它並非是主觀和客觀的對照——尼采將這差異留給仍然被文法（一般的形而上學）圈套所困擾的認識論學者。它亦不能稱為是「事物本身」與現象的對照，因為我們還不夠「明白」如何去制定這種區別。

事實上，我們並沒有任何去感知的器官，我們所知道（或相信、或想像）的和對人類有用的益處一樣多，即使我們所稱之「有用」根本上只是一種信仰，一種想像，或者是一種致命的愚行，終有一天我們會因此而毀滅。

自我考驗

每一個人都是獨立的個體，在這個世上生存、發展除了依靠自己之外，沒有人可以依靠。因為，在適當的時候，我們必須自己考驗自己，以此來證明自己是獨立的，是發號施令者。

我們必須自己考驗自己，以此來證明自己是獨立的和是發號施令者，而且要在適當的時候作此考驗。千萬不要躲避對自己的考驗，儘管這或許是所能玩的最危險的遊戲，但最終面對的是我們自己，而不是任何其他法官所作的考驗。不要依戀任何人，即便是最心愛的人——每個人都是一座監獄，亦是一具壁龕。不要依戀國家，即便它是最受苦難、最為貧窮的國家——國富民強的國家就不那麼難淡忘。不要依戀對任何人的同情，即便是對高等人的同情，我們已有洞悉他們遭受的特殊折磨的孤苦無助的心境。不要依戀任何科學，即便是它用最佳的科學發現引誘我們，表面上專為我們保留的發現。不要依戀於自我解嘲，不要像鳥兒那樣依戀為滿足感官快樂而追求的遙遠距離。鳥兒總是往高飛。往高飛，就是為了看到身上更多的東西——飛得太高是有危險的，不要依戀自己的美德，也不要完全成為某一專長的犧牲品。譬如不要成為「殷勤好客」的犧牲品，對於高度發達的富人來說，這是最為危險的，他們對自己大大咧咧、幾乎毫不在意，把慷慨大方這一美德推至極端，以致使其變成了罪惡，我們必須知道怎樣保護自己——這是對獨立性的最好考驗。

同情的歸屬

世界上，只有強者才應該具有同情心，因為只有強者的同情心才有價值，而那些受苦難者是不應該有同情心的，那些鼓吹者也是不應該有同情心的，因為同情心於這兩者沒有任何價值。

一個人如果說：「我喜歡這樣東西，我把它當作自己的東西，打算保護它免遭別人的損害。」一個人倘使處理一件事情，能使決心見諸行動，能堅持自己的看法，能擁有一個女人，能懲罰和回擊傲慢無禮的行為；一個人倘使發怒，能使用武力，使弱者、受苦者、被壓迫者、甚至動物樂於服從他和自然而然地歸屬於他。總之一句話，一個人如果生來是個主人——喔，如果這樣的人有同情心，那這種同情心才具有價值！但那些受苦者的同情心又有何價值！那些鼓吹同情者的同情心又有什麼價值！現如今，幾乎整個歐洲，有一種對痛苦的病態過敏，此外，還有一種令人反感的，不可抑制的嘮嘮叨叨，一種女人氣，這種嘮叨和女人氣，在宗教和哲學上胡說八道的幫助下，試圖將自己裝扮成某種高人一等的東西——有一種對痛苦的十足崇拜。尼采認為，這些幻想像所謂的「同情心」沒有男子漢氣概，總是最引人注目的事情。我們必須堅決而徹底地在杜絕這種最新低級趣味；最後，尼采希望人們把「快樂的科學」這個有效的護身符，掛在胸前和脖子上，保護自己免受這種低級趣味的影響。

自衛

自衛是必要的，尤其是為了確保生命的存在，自衛更是不可缺少的。沒有生命就沒有快樂，為生命而進行的鬥爭就是為快樂而進行的鬥爭。生活的目的便是快樂。

如果人們認為自衛合乎道德，那麼他們就必須認為所謂不道德的利己主義的幾乎所有表現也都合乎道德。人們造成痛苦、搶劫或殺人，為了保存自己或保護自己免遭個人不幸；當狡詐和裝假是自我保護的正當手段時。按此種現象，當涉及我們的存在和安全（保護我們的幸福時，故意傷害被承認為合乎道德）按此種觀點，國家在實施處罰的時候，也同時在做出傷害。在非故意傷害中，當然就不存在不道德因素，因為是偶然性在起作用。究竟有沒有一種故意傷害不涉及我們的存在，不幸福呢？有沒有一種純粹出於惡的傷害？例如像在殘酷行為中那樣？如果人們不知道一個行為造成多大痛苦，那麼它就不是惡的行為；所以孩子對動物不是惡意的；他們研究動物就像對待自己的玩具一樣。但是，人們是否充分了解一個行為對別人造成多大痛苦？我們盡我們神經系統的能耐避免痛苦：如果能夠繼續擴展，就是說，擴展到同胞身上，那麼我們就不會給任何人造成痛苦。透過類推，我們得出結論：其事物給某人造成痛苦，但是經回憶和想像力的作用，結果它使我們感到討厭了。可是，在牙痛和牙痛的樣子引起痛苦（同情）之間始終存在區別嗎？於是，在出於所謂惡的傷害中，所產生的痛苦的程度在任何情況下我們都無法知道；但是，只要在行為中有快樂（自己的力量感，自己強烈的興奮感），就會有行為發生，來保護個人的幸福，並因此而符合類似的觀點，如自衛、應付人的謊言。沒有快樂就沒有生命；為快樂而進行的鬥爭就是為生命而進行的鬥爭，個人這樣來進行這場鬥爭，以致人們稱之為善，或者那樣來進行這場鬥爭，以致人們稱之為惡，這取決於他才智的程度和性質。

頹廢

頹廢易於削弱人們的欲望、快感、痛感、權力意志、追求自豪感的意志、占有欲與貪欲。頹廢變成謙卑，成為信仰，它使人們對一切自然的事物感到厭惡與羞恥，它否定生命……

我們遺傳給後代的並不是疾病，而是不健康的狀態，即無力抵抗有害物質的入侵與抵抗力的崩潰；用道德術語來表述就是：在敵人面前卑躬屈膝，任人屠宰。

我們捫心自問：我們能否將迄今為止的哲學、道德和宗教所確立的最高價值與羸弱者、精神病人和神經衰弱者心目中的價值進行一番比較。實際上前者較委婉地表達了與後者相同的病痛……

古代的醫學家與現代的少數門診醫生認為：健康與疾病並非兩種完全不同的東西。我們不必從健康與疾病中概括出鮮明的原則與概念，不必圍繞著活生生的有機體在概念上各執一詞，不必將有機體變成戰場。明確區分健康與疾病的做法早已過時，且十分荒唐而這裡一無用處。事實上在生命的這兩種狀態之間只存在著程度的差異。克洛德·貝爾納（法國生理學家）認為正常現象的誇大、失衡與不和諧造成了病態。

遺傳性的虛弱成了占統治地位的情感，這就是最高價值的起源。

請注意，眾人都追求虛弱，這究竟是為什麼？主要是因為眾人本身都很虛弱……

使人虛弱成了我們的使命。我們應該削弱我們的欲望、快感、痛感、權力意志、追求自豪感的意志、占有欲與貪欲；虛弱成了謙卑，成了信仰，它使我們對一切自然的事物感到厭惡與羞恥，它否定生命，變成了疾病與羸弱……

虛弱使我們放棄了復仇、抵抗、敵視與憤怒。

人們並不想透過強身健體來戰勝虛弱，而是透過辯解，透過道德化即透過闡釋來維護虛弱。這是我們的失策……

我們混淆了下述兩種截然不同的狀態：強壯的安靜，壯漢毫無動靜，這是巍然不動的神的類型；疲憊時的安靜，這是一種僵化，甚至是麻醉狀態。

一切繁瑣哲學與禁慾主義追求的都是第二種狀態，但是它們自稱它們追求的是第一種狀態……因為它們給自己的終極狀態下了一個虛假的評語，誤以為這是一種神的狀態。

卷三 理性的思考

他是一個幽靈，一個在人生的旅途中徘徊在理性與非理性之間的幽靈；他是一個天才，一個在人類哲學史、美學史上恣意表演的天才。他是一個孤獨的寂寞的先哲，一個在冷酷的銀河裡閃爍的星星。去拜讀他吧，因為他幫助人去找到救苦救命的仙子，並告訴每一個人怎樣去面對艱難困苦的人生，他還帶領人們去剖析人生，讓人們去感悟人生的真諦。他理性的思考讓你見識到什麼是天才，什麼是智者。

自我折磨的美德

在個性受到壓抑甚至被泯滅的時代，讀尼采是極有意義的，因為他極力地張揚了個體生命的價值。假使社會的大多數人都能自勵自強，社會作為一個整體就會得到充分的發展。其實即使是在沒有人性壓迫的時代，讀尼采也同樣有意義，因為改良人的素養始終是人類進步所必需的。能將折磨當作美德的，相信也只有尼采才有這樣的意識。

對於一個經常處於戰爭狀態且奉行最嚴厲道德的朝不保夕的小群體成員來說，什麼是最大的歡樂？換句話說，對於那些身強力壯、充滿敵意，嗜好復仇、欺騙和懷疑、隨時準備應對最可怕的事情且因為苦難和道德而變得冷漠無情的心靈來說，什麼是最大的快樂？毫無疑問，那便是暴行，對於他們來說，暴行便是最大的快樂；因為在此種狀態下，對於殘暴行為的欲望和才能被視為一種美德。在暴行中，群體重獲新的生命，以往的提心吊膽和惶惶不可終日一掃而空。

暴行是人類最古老的節日歡樂之一。因此，人們自然而然地想像，倘使讓神看到殘酷的場面，神亦會為之精神振奮、興奮異常——由此，世界上便產生了一種充滿意義和價值的自我折磨和自我懲罰的觀念，而習俗則在群體內部逐漸創造出了一種相應的實踐，使人們對於一切明目張膽的幸福感到疑慮，對於一切難以忍受的痛苦都感到親切。人們自言自語：情況可能是這樣，我們的幸運使神生氣，而我們的痛苦卻使神高興，但神之所以對我們的痛苦備感高興，並非他願意憐愛我們：對一個強大而令人畏懼的靈魂來說，憐憫沒有什麼價值且是可鄙的。而是因為我們的痛苦使他感到有趣和開心；在此種對於我們的殘忍中，神享受到了最高程度的權力感的滿足。

因此，誰若想成為一個群體中「最道德的人」，誰就必須痛苦不堪、災難深重，窮困潦倒和倒楣透頂。

每一個能使死氣沉沉和臭氣熏天的泥塘發生某種變化的精神領袖，倘使他們想要喚起人們對於他們的信仰，特別是他們自己對於自己的信仰，除了瘋狂的手段之外，自我折磨是必不可少的。他們的精神在新的道路上旅行得越遠，則他們的良心焦慮便越是不停地折磨他們，而他們便也越是無情地向他們自己的肉體、欲望和健康開戰，他們的行為彷彿是在奉獻給神一種補償的歡樂，目的便是防止神因為他們對於現存習慣的忽視和反對，以及因為他們所奔向的新的目標而大發脾氣。

倘使我們自以為現在已經完全擺脫了各種感受邏輯，那我們就未免有點自欺欺人了。關於這個問題，還是讓我們當中最為勇敢的唐吉訶德們去捫心自問吧。

無論是在自由思想的世界，還是在個性所塑造的生活世界，任何微不足道的變動都不得不付出精神上和肉體上的血的代價。這並不僅僅指向前的變動；動作本身、運動、任何形式的變化。在其開闢道路和奠定基礎的漫長歷史過程中都要做出千千萬萬的犧牲。但是，這是漫長的歷史，請注意，並不是當我們說「世界歷史」時所想到的東西，那不過是人類存在的滑稽且渺小的一幕。然而就是在這種實際上只關心時事新聞的所謂「世界歷史」中，試圖在死水中翻起波瀾的犧牲者世代流傳的悲劇也是獨一無二的真正感人的主題。

為了獲取我們現在引以為榮，沾沾自喜的那一丁點人類的理性和自由感，人類所付出的代價之大是難以想像的。然而，正是對於理性的這種自豪，使那些處於「世界歷史」之前的「習俗道德」的洪荒時代對於我們來說幾乎是完全不能理解的，而這些洪荒時代卻是決定了人類形象的真正的和關鍵的歷史時代，在這些時代裡，忍受痛苦乃是一種美德、殘暴無情乃是一種美德，弄虛作假乃是一種美德，睚眥必報乃是一種美德，喪心病狂乃是一種美德。相反，幸福卻被視做一種危險，和平被視做一種危險，憐憫被視做一種危險；在這樣的時代裡，被人憐憫乃是一種侮辱，辛勤勞作乃是一種侮辱；在這樣的時代裡，瘋狂是神聖的，而變動是不道德和災難性的！——你是否認為所有這些都已發生了變化，因而人類必定也要同時改變它的特性？

啊！你這個人類的觀察者，學習更好地觀察你自己吧！

被當作美德的巧妙的殘酷

> 被誤認為美德的巧妙的殘酷，這是一種利欲薰心的道德。這類人常常透過表面上的謙卑和仁慈掩飾其罪惡的品行，進而把他的殘酷發洩到某些人頭上。

被誤認為美德的巧妙的殘酷，這是一種利欲薰心的道德，我們對它的評價不能過度！讓我們還是看看他的動機和隱藏在此種動機後面的思想吧！我們希望自己變成另一個人痛苦的根源，使他感到嫉妒、沮喪和羞恥；我們在他的舌尖上放上一滴我們的蜜，讓他嘗到一點暫時的所謂的甜頭，同時目不轉睛和不懷好意地注視著他，想親眼看見他啜飲他命運的苦水。

看吧！看這位早已變得謙卑和無比謙卑的先生，他正在四處尋找那些他長久以來就渴望用他的謙卑來加以折磨的同伴！他很快就會找到他們的。再請看另一位先生，他仁慈地對待動物，並因此而受到人們的讚揚——然而他卻想透過這種方式；把他的殘酷發洩到某些人的頭上！站在我們面前的是一位偉大的藝術家：一種預期的歡樂使他在成為偉大之前絕不會善罷甘休的，他彷彿目睹了他的那些獵物的羨慕的神情——在他的偉大的後面，是多少其他靈魂的痛苦和辛酸！修女的貞節——對於那些過著不同生活的女人，她打量她們的眼光是那麼的令人不寒而慄！其中洋溢著多少報復的歡樂！主題是簡短的，但是可以演奏出來的花樣卻是無窮的和幾乎永遠不會乏味的，因為自我標榜的道德最終建立在一種巧妙的殘酷的基礎上，這在今天還仍然是一種異常矛盾和幾乎令人痛苦的新鮮事。所謂最終，這裡指的就是創造道德的最初的一代，因為雖然某些與眾不同的行為習慣遺傳下來了，然而這些行為後面的思想卻沒有一起遺傳下來（思想是無法遺傳的，只有情感才能遺傳）。因此，如果不透過教育重新產生這些思想，那麼即使是第二代人也將不會體驗到與這些思想聯繫在一起的任何殘酷的歡樂，而只能體驗到習慣本身存在的歡樂。

然而，這種殘酷的歡樂卻正是「善」的開端。

權利和義務

一個人享有權利的同時也要承擔一定的義務。自己的義務便是他人的權利。權利和義務相互作用，彼此制約。

一個人的義務即是其他人對於我們的權利。他們是如何獲得這份權利的？透過把我們當作能夠立約和回報的存在，透過把我們置於一個與他們平等地位，因而在某些方面信任我們，教育我們，譴責我們和支持我們。

我們履行義務——這也就是說，對於別人給予我們的這一切，我們表明我們自己的力量，按照他們給予我們的多少做出相應的回報。因此，促使我們履行我們的義務的是我們的自負；當我們為回報他人為我們所做的事情而為其他人做某些事情時，我們是在修復我們的自尊。因為透過為我們做某些事情，這些人已經侵入到了我們的權力範圍，而假使我們沒有透過履行我們的「義務」對他們有所回報，便也是侵入了他們的權力範圍。他們便會在我們的權力範圍長駐下去。

其他人的權利只與處於我們權力範圍之內的東西有關，假使他們要求的某種東西我們並不擁有，那麼，他們的要求顯然是不合理的。確切地說，其他人的權利與他們想念我們力所能及的東西有關，但是，這些東西必須同時也是我們力所能及的東西，兩方面都很容易犯下同樣的錯誤。義務感的關鍵在於，對於我們的權力範圍，我們與其他人具有相同的信念，也就是說，我們有能力對其他人做某種承諾且能去完成這種承諾。

我們的權利乃是我們權力的一部分，其他人不僅承認我們的這種部分權力，且還希望我們永久保存這部分權力。其他人為什麼會這樣做呢？他們之所以這樣做，首先是出於謹慎、恐懼和小心。或者是希望從我們這裡獲得相應的回報（保證他們自己的權利，或者是認為與我們作對是沒有意義甚至是危險的，或者是認為我們的力量和任何減少對於他們來說都是一種損失，因為如此一來，我們可能不再能夠在反對另外的敵對力量的戰鬥中與他們結盟）；其次，他們這樣做是為贈予和讓渡。這樣，這些其他人便擁有足夠的權力，故而能自由地處置其中的一部分權力，並向接受者保證他們贈予他們的這部分權力：在這樣做的時候，他們假定那使自己如此接受贈予者只有一種微弱的權力感。

權利通常是這樣產生的：權利就是權力的被承認和受保證的程度。一旦權力關係發生了任何實質性的變化，舊的權利便不復存在，新的權利便會應運而生——正如我們所看到的國家之間的相互權利的不斷消失和更新。

假使我們的權力比之以往有所縮小，那些一直保證我們權利的人感覺便會發生變化：他們會考慮是否能夠恢復我們過去擁有的全部能力——假如他們認為做不到，就會否認我們的「權利」。相應的，假使我們的權力實際有所增加，那些一直承認我們的權力但現在這種承認已經不再需要的人的感覺也會發生變化：毫無疑問，他們希望把它壓回到原樣，因而對我們橫加干涉，且把這種無理的行為冠之以他們的「義務」的美名——事實上，這只不過是一種毫無意義的純文字遊戲。

在權利得勢的地方，權力就維持在一定的狀態和水準上，任何減少或增加的企圖都將受到抑制。

如果我們的權力變得搖搖欲墜或即將土崩瓦解，那我們的權利也就會軟弱無力。反之，倘使我們的權力變得異常強大，不可一世，我們先前承認的其他人的權利對我們來說便可以不屑一顧。

一個「渴望公正無私」的人每時每刻都需要有種巧妙的平衡技巧：他必須對權力和權利的程度做出估計，而由於人際關係的易變性，這種程度永遠不會長時間地處於平衡狀態，而常常是處於增長或下降的過程中——因此，保持公正是不容易的，需要長期的實踐和良好的意志，更需要特別良好的感覺。

因苦難而得以成全的知識

假如在此之前，一個人一直生活在某種危險的幻想世界，那麼，這種透過痛苦帶來的徹底的清醒就會成為把他解救出來的手段，而且是唯一的手段。

就知識的獲取來說，那些長期遭受可怕病痛折磨而心智仍然健全無損者的心理狀態不無價值。當然，任何深刻的孤獨，任何突然的和正當的對於責任的解脫，都給理智帶來了某種積極的影響。但是，我們在此所要說的價值卻是完全不同的一種價值。巨大痛苦的經受者能夠以一種讓人生畏的冷漠看待外部事物。通常，出現在健康人眼裡的圍繞著事物的迷人的裝飾和點綴對於他來說是不存在的；確實，就連他自身也是剝光了所有的羽毛和褪盡了所有色彩躺在他自己的面前。

假如在此之前，一個人一直生活在某種危險的幻想世界，那麼，這種透過痛苦帶來的徹底的清醒就會成為把他解救出來的手段，而且是唯一的手段。（基督教的創始人在十字架上的經歷或許便是這樣：在令人心碎的「我的上帝，你為什麼遺棄我」的呼喊聲中，實際上包含了他對於生活這個騙局的一種徹底的洞察和失望；在他極度痛苦的時刻，他就像作家所描述的那可憐的快要死了的唐吉訶德一樣，對於他自身有了一種前所未有的清醒的認識。）由於反對和對抗痛苦的希望，進而他的理智變得異常緊張，使他用一種新的眼光看待他所看到的一切；而投射到事物上的任何新的光線都會使人感到一種無法描述的刺激，此種刺激往往非常有力，足以擊敗任何自我毀滅的誘惑，使其繼續活下去對於痛苦者顯得是極其令人神往的。想到健康者無所顧慮地生活於溫暖而舒適的塵世中，他感到輕蔑；想到自己曾一度沉溺於其中的最高尚和最心愛的幻想，他感到輕蔑；他似乎是從地獄的深處召喚來這些輕蔑，以便使他的靈魂處在最深的痛苦之中。這一切都使他感到快樂！正是透過如此輕蔑，生理上的痛苦對他來說才變成是可以忍受的——他覺得此種輕蔑使他需要現在所擁有的一切！懷著對自己存在的性質的可怕的清晰意識，他在內心呼喊：「努力控制和鎮壓自我，要毫不留情，就像鎮壓一個不相干的人；努力忍受你的痛苦，就如忍受你對自我的懲罰！你那審判者的權威是多麼妙不可言！你那無所顧忌的快樂是多麼美妙，還有那獨斷專行的隨心所欲！這一切是多麼美好啊！翱翔於你的生活，痛苦之上吧，讓所有的不幸在你的俯視下無所遁形！」現如今，我們的驕傲程度是空前的；透過反對痛苦這樣一位暴君，它找到了一種無與倫比的刺激；面對這位暴君要求我們作證反對生活的全部暗示，我們卻變成了生活辯護者。在此種情形下，我們不顧一切地堅持反對悲觀主義，使它不致成為這種狀態的自然後果和使我們自己不致屈辱地成為它的俘虜。同樣，判斷的公正從未像現在這樣使我們如此激動，因為它現在代表了一種對於我們自己的勝利，代表了對於一種處境的勝利，此種處境在一切處境中最能使我們判斷的不公正性成為可以諒解的——但我們不想被諒解，我們現在正想表明，我們是「不需要原諒的」，這是一場我們的驕傲自大的歇斯底里的發作。我們幾乎立即從此種驕傲自大的控制中擺脫出來：我們因為自以為曾經歷了某種不同尋常的東西稱自己為傻瓜和笨蛋！我們忘恩負義地把這種曾經使我們能夠忍受痛苦的偉大的驕傲拋在身後，且熱烈地盼望著它的解藥：在痛苦如此長時間地使我們過於鋒芒畢露之後，我們希望自己變得能隨遇而安起來。「讓此種驕傲見鬼去吧！」我們大聲呼喊，「它不過是另外一種疾痛和騷亂！」我們又一次凝視人和自然——這一次我們的眼裡充滿了渴望的光線又重新出現在我們的面前，我們過去作為痛苦者曾經用以看待事物的那種冰冷的目光在旭日的照射下煙消雲散，我們備感欣慰。普通人的遊戲的鑼鼓再一次在我們的耳邊歡快地響起，但卻不再讓我們感到可卑和可憐——我們彷彿是換了一個人似的親切但卻仍然不無疲倦地注視著他們。在此種情形下，我們的耳邊聽到音樂，我們的眼中就會湧出淚水。

生活圈

世間每一種生物都存在一個生活圈，人當然也不例外。無論你走向何方，你的生活圈，便構成了你當下的命運，與你須臾不離，讓你無法逃避。

一個人的視力無論是好是壞，不管是看得遠還是看得近，都只能看到一段特定的距離，你就生活和活動在以這段距離為半徑畫出的一個圓形的世界裡，無論你走向何方，它的邊界都構成了你的當下命運，與你須臾不離，讓你無法逃避。

每一個生物的周圍都存在著一個這樣的生活圈，這種生活圈具有一個中點並且為它自己所特有。你們的聽覺把你們封閉在一個差不多的圈子裡，你們的觸覺也同樣如此。現在，你們就用你們每個人的感官去衡量這個世界，稱這是近的，那是遠的，這是小的，那是大的，這是軟的，那是硬的，且把這種衡量稱為感覺；——這是一個純粹的錯誤！以我們在某一給定的時間內可能經歷的條件和情緒的數目衡量我們的生命，說它是短促的或漫長的，豐富的或貪乏的，空虛的或充實的，又以人類生命的平均數去衡量其他生物的生命——這也是一個純粹的錯誤！

假使我們的眼睛比現在敏銳千百倍，人看上去就會很可怕；事實上，我們完全可以想像我們具有這樣的感官，它們使人被感覺為深不可測的。另一方面，感官又是可以這樣構成的，以致整個太陽系看起來就像一個細胞一樣結實和緊密。而對於一個具有正好相反構成的生物來說，人體的一個細胞可以展現出有如一個太陽系一樣的運動、結構和和諧的景象。我們的感官的習性織就了我們的感覺探勘謊言和欺騙之網，而這些感覺又成了我們的全部判斷和「知識」的基礎——透過實在世界的退路、後門或小路是完全不存在的。我們像蜘蛛一樣在我們自己編造的網的中間，而無論在這張網上捕獲些什麼，我們捕獲的都只能是那些我們這張網能夠讓我們捕獲的東西。

經驗與虛構

我們的經驗是這樣一種存在，我們放進去的東西遠遠多於它們原來包含的東西！也許，我們甚至不得不說：它們本身並不包含任何東西，是空，是無，是虛構。

不管我們在自我認識方面取得了多麼長足的進步，那些構成了我們的存在的各種本能衝動的整體形象在我們的心目中都只能仍然是極其殘缺不全的。對於那些普通一些的本能衝動，我們甚至都無法說出它們的名字、數目和強度，潮漲潮落，相互間的作用和反作用，尤其是它們的營養規律對於我們來說都仍然是一個未知數。因此，這種吸收營養的過程就變成了一個完全偶然的過程：我們每天的經驗把它們的獵物時而拋在這種本能衝動的路上，時而拋在那種本能衝動的路上，而我們的本能衝動則不失時機地抓住它們；然而，這些事件的發生和進行從根本上說與我們的全部本能衝動的營養需要並沒有任何合乎理性的聯繫。故，出現以下兩種情形是必然的：那便是某些本能衝動餓得要死和發育不良，而另外一些本能衝動卻又撐得不行，營養過剩。在我們生命的每個時刻，由於這一時刻提供的或沒有提供的營養，我們在存在的觸角中都有一些延長了，而另一些萎縮了。在這個意義上，正如我們已經說過的，我們的經驗完全是一些營養品，但卻是由一隻無所用心的手隨意發放的，對於飢餓者和饕餮者一視同仁。由於各個部分的這種不合理進食，從中成長起來的觸角必然也只能是某種完全偶然的東西。

讓我們更詳細地說明這一點。假設一種本能衝動在某一天發現自己處於一種要求滿足的狀態——或者是活動它的力量，或者是釋放它的力量，或者是填充某種虛空（這些都是比喻性的說法）——那麼它就會以一種特別的眼光看待那一天的每一件事物，考慮是否能夠利用它們達到自己的目的；無論我們是在做什麼：讀書、說話、下棋、散步、歡慶，這種種欲望得到滿足的本能衝動都似乎在對我們可能進入的每一種狀態品頭論足，而且多半不能從中得到滿足，不得不耐心等待和繼續處於飢餓狀態，一段時間以後就會餓得體力不支而變得衰弱；倘使幾天或者幾個月之後仍未得到滿足，它便會像一株長時間沒有澆水的植物一樣枯萎死去。

倘使所有的本能衝動都像飢餓一樣迫不及待，不肯以夢中的食物為滿足，那麼，這種命運的殘酷性也許就會更加觸目驚心。然而，大多數本能衝動，尤其是那些所謂道德衝動，卻正是可以以夢中的食物充飢的——我們的夢的意義和價值就在於在一定程度上彌補白天的不可靠的營養不足。為何昨天的夢淒惻動人，柔情似水，前天的夢卻是妙趣橫生，興致勃勃，而一個更早的夢充滿了冒險和沒完沒了的讓人心焦的尋找？為什麼一個夢中的我在美妙的音樂中如醉如痴，而另一個夢中的我又像兀鷲一樣歡樂地翱翔於遙遠的群峰之上，在這些虛構中，我們的感傷衝動，機智衝動、冒險衝動或者我們對於音樂或山峰的欲望找到了活動的天地和得到了滿足。關於此種虛構和滿足，每個人都可以舉出一些他所熟悉的很生動的例子。這些虛構是對我們睡覺時所接受的神經刺激的解釋，但卻是一種極為自由和極為武斷的翻譯。在我們睡覺時，血液在我們體內流動，腸胃在我們人體內蠕動，被壓在我們身上，夜飲者的喧鬧聲，以及其他多種聲音在我們耳邊響著；所有這些刺激都進入了我們的夢境，在其中得到了反應和翻譯。雖然這些現象幾乎每夜都沒有什麼變化，但在不同的夢境中，它所得到的翻譯卻是千變萬化的。而對同一種神經刺激，我們那善長編造的理性能力每天都能想像出完全不同的原因。祕訣在於，這種理性今天的發動者不同於它昨天的發動者：——一種不同的本能衝動希望能使自己有所滿足，有所作為，有所發揮，有所更新，有所發洩——昨天是那種衝動氣勢正旺，今天卻是這種衝動風頭最勁。醒來時，現實生活中不具有夢中生活的這種隨心所欲進行翻譯的自由，顯得異常沉悶而呆板——但是，在我們醒著的時候，我們的本能衝動的所作所為同樣也是對神經刺激的翻譯和對它的「原因」的支配。在清醒和做夢之間並沒有什麼實質的不同。當我們比較各個大不相同的文化發展階段時，我們不是甚至發現，一種文化在醒著時所做的翻譯的自由度一點也不比另一種文化在做夢時所做翻譯的自由度低。我們的道德判斷和評價不同樣也只是建立在某種不為我們所知的生理過程基礎上的想像和幻象，一種用來指稱某些神經刺激的後天獲得的語言。我們的全部所謂意識都是對於一個未知的，也許是不可知的，而只能為我們模模糊糊地感覺到的文本的或多或少的譯注。

——讓我們來看一些普普通通的經驗。假設有一天我們走在市場上，注意到有人在關注我們：這一事件對於我們具有何種意義，取決於事件發生時恰好是何種衝動在我們身上占據支配地位——由於我們的性格類型的不同，這件事便呈現出各種不同的形態。對於某個人來說，這件事或許就像是落到沙漠裡的一點雨滴，他看起來若無其事，毫不在意；另一個人表現得就像從身上撣掉一條蟲一樣把它從心上撣去，然後像什麼也沒發生繼續往前走；第三個人表現出想興師問罪，想與他評理；第四個人趕緊低頭檢查他的著裝，企圖找出試圖興師問罪的原因；第五個人表現出沉思的模樣，並開始對什麼是笑的本質進行思考；第六個人因為自己無意中給大家帶來了歡樂而感到得意——在每種情況下，都有一種衝動得到了滿足，無論這種衝動是憤怒衝動，還是爭鬥衝動；是反思衝動，還是仁慈衝動。此種衝動不失動機地把文件抓在它的手裡：為什麼正好是這種衝動而不是其它的？因為這種衝動又飢又渴，呼聲最高，要求最急。

——至此，我們的經驗到底是什麼？我們的經驗是這樣一種存在，我們放進去的東西遠遠多於它們原來包含的東西！也許，我們甚至不得不說：它們本身並不包含任何東西，是空、是無、是虛構。

動機衝突

任何變故，或事件的發生總有一個動機，但這個動機我們並不十分清楚，甚至有時你根本就不知道，所以你永遠也不可能預先去算計它們。

當我們說「動機衝突」的時候，指的卻是一種非動機性的衝突：在開始行動前。我們的反思意識考慮的卻是我們自己能夠完成的各種不同行動的各種不同後果，並在它們之間進行對比；一旦我們認定某種行為後果比其他所有行為後果更為可取，我們就會認為我們會下定決心採取這種行動。在得到這一結論之前，我們往往要經受心靈的不安和痛苦，因為要推測出一種行為的後果是什麼，且要理解它的所有含義和確信已經毫無遺漏地囊括了它的所有後果是非常困難的。因此，這樣獲得的結果仍不免帶有某些偶然的因素在內；但是，最大的難處是，所有這些如此難以確定的後果，要把它們放在同一個天平上互相比較，而通常發生的情況是由於所有可能後果的質上的不同，我們實際上無法使用同樣的天平和同樣的砝碼來確定它們孰輕孰重。假設我們最終也克服了這種困難，由於鬼使神差，放到我們天平上的全是些不可互相比較的後果：那時，我們就以某一行動的後果的圖像的方式擁有進行這一行動的一個動機。然而，在我們最終進行行動時，充分決定我們行動的往往不是我們在這裡所講的那些動機，亦不是那些與我們的「後果圖像」有關的動機，而是一種不同類型的動機。它們有可能是我們消耗能量的習慣，有可能是某位我們尊敬、害怕或者愛戀者的一個眼神、或手勢，有可能是我們的懶惰，這種懶惰有可能使我們傾向什麼順手就幹什麼，有可能是由某些毫不相關的瑣事在關鍵時刻引起的我們的想像力的發作，有可能是某些完全無法預料的物理作用，有可能是我們的剛愎自用和反覆無常的脾氣，有可能是一些完全偶然的這樣或那樣的情緒。

總之，導致我們的行動的真正動機部分是我們並不知道的，部分是我們知道的很不清楚的，我們永遠不可能預先計算它們。或許，在這些動機之間也同樣存在著鬥爭，存在著前進與後退，存在著天平的傾斜——這將是名副其實的「動機的衝突」——但是對於我們來說，它們卻是完全不可見的，我們幾乎意識不到它們的存在。我計算了後果和結局，然後把一個非常根本的動機送上了火線——然而，火線本身卻不是我創造的，我甚至不能看見它：鬥爭本身在我的面前隱藏起來，作為勝利的勝利也在我的面前隱藏起來：因為儘管我知道我最後所做的是什麼，但我卻不知道是何種動機最後取得了勝利。然而，我們卻習慣於把所有這些無意識過程排除在考慮之外，只思索一個行動的有意識的準備過程；因此，我們把動機的衝突與不同行動的可能後果的比較混為一談——一種本身具有豐富後果和對於道德的進化至關重要的混淆。

意圖與意志

在這個世界上，既不存在什麼意圖也不存在什麼意志，它們只不過是我們幻想出來的東西。

我們常習慣於讓自己相信，存在著兩個不同的世界，一個是意圖與意志的世界；一個是偶然發生的世界。在偶然發生的世界裡，事物毫無意義的發生，又毫無意義的消失。對於這茫茫強大的無知無識的世界，我們深感畏懼，因為它每次都像一片從屋頂落下的瓦一樣，落到意圖和意志的世界裡，且把我們某些意圖砸得體無完膚。

此種對於兩個世界的信仰是一個美麗而傳奇的神話：我們這些聰明的小矮人，連跟我們的意圖和意志，受到那些愚笨的大笨蛋和無常的偶然事件的壓迫，被他壓得透不過氣來和常常喪生在他們的腳底下——然而，即便如此，我們還是希望他們那可怕的腳步聲時常在我們耳邊迴響。當我們的生活在意圖的蜘蛛網中糾纏得太久，而不能自拔，變得令人厭倦和充滿了憂慮時，常常是這些大笨蛋出現在我們身邊，撕開了我們的意圖之網，給我們的生活帶來天光——這些沒有理性的生物並不是有意這樣做的！他們甚至沒有注意到他們都做了些什麼？他們那粗壯有力的手指穿過我們的意圖之網就如同穿過什麼也沒有的空氣一樣毫不費力。希臘人把這個崇高的永恆地限制著我們的心靈的不可知的世界稱為莫伊拉（命運神，其職責在於限定人生的長度或限度。）將它布置在他們的眾神的周圍，作為諸神的邊界，越過這個邊界，諸神就會什麼也看不見，什麼也做不了了。一個在許多民族中都可以見到的向神祕挑戰的例子——人們崇拜神，這是沒有疑問的，但是人們不想放棄他們手中的那張可以用來反對神的最後的王牌。如，印度人和波斯人認為，神依賴於人的獻祭，因而人在萬不得已時可以讓神嘗嘗飢餓的滋味甚至把他們餓死；脾氣暴躁、性情憂鬱的斯堪地納維亞人則創造了一個將要到來的「神的末日」的觀念，在其中找到一種隱祕的復仇的快樂，為他長期以來在他的那些惡神面前所感到的恐懼報了一箭之仇。但基督教的情況又有所不同；其基本情感既非印度式的或波斯式的，也非希臘式的或斯堪地納維亞式的；基督教要求我們跪在塵土中膜拜權力的精靈，甚至親吻塵土本身——它教導我們要相信，無限強大的「無知無識的王國」並不是像它看上去那樣無知無識的，真正無知無識的倒是我們，因為我們沒有看到，在這個無限強大的「無知無識的世界」背後，藏著我們可愛而慈祥的上帝，儘管他的道路是黑暗的，奇怪的和曲折的，然而他最終將「榮耀萬物」。這是一個關於一位愛的上帝的新的神話，在此之前，這位上帝一直被誤認為巨人，他是一位比我們高明許多的能工巧匠，他親手編織的意圖和聯繫甚至比我們的理解力所編織的還要縝密細膩——使它們看起來無法理解，不可思議——這個神話表達了一種如此大膽的倒置和一種如此無畏的悖謬，以至於已經變得過分嬌氣的古代世界在它的進攻面前束手無策。無論事情聽起來是多麼荒唐和矛盾：假使我們的智力不足以發現上帝的智力和意圖，那麼，它又是怎樣發現我們的智力的此種性質的呢？它又是怎樣發現上帝的智力和彼種性質的呢？——在最近的時間裡，人們實際上已經開始懷疑，從屋頂上落下的瓦片是否真的是由於「神的愛」才落下的，並且再一次回到矮人和巨人的古老傳說。

因此，讓我們認識到，我們現在也應該認識到，在我們假定的更合人意的意圖和理性世界，巨人同樣也是統治者！我們的意圖和我們的理性不是矮人而是巨人！我們的聯繫之網常常被我們自己無情地撕破，正如它們常常被從屋頂上落下的瓦無情地撕破！全部所謂意圖卻不是意圖，全部所謂意志卻不是意志！你也許由此會得出結論說：「只有一個世界，即偶然發生和無知無識的世界，才是存在的。在這個世界上，既不存在什麼意圖，也不存在什麼意志，它們只不過是我們幻想的玩意。」

投擲偶然骰子的必然性的鐵腕在無限長的時間裡玩它的遊戲：因此，總是會有極其類似各種程度的意圖性和合理性的一擲的。也許我們的意志行動和我們的意圖也只不過是這樣一擲——只是由於我們極其有限度和極其不甘心，我們才無法理解我們的這種極度有限性：我們自己就是一些機械人，長著一雙鐵腕，並用這雙鐵腕來搖動骰子筒，即使是我們的最具意向性的行動也只不過是在完成必然性的遊戲。

人類的獸性

尼采是冷酷的，他總是那樣旗幟鮮明地闡述自己的觀點，即使這樣的觀點有點悖常人之所想，他仍能高唱反調。尼采在人類的獸性一文中強調，人存在的所有舉動只是為了更好地紡織完整的生命線以使它越來越多。

人們所說的善行只不過是一個誤解，這樣的行為是不可能的。「無私」與「自私」完全一樣，純屬譁眾取寵的虛構，個人與靈魂，同樣如此。

在有機體內紛繁多樣的變化中，我們所意識到的那部分僅僅是滄海一粟。「道德」，「無私」及其他類似的虛構純屬不值一提的謊言，它們終將受到整體生成的懲罰。我們有理由也有必要徹底研究我們的有機體的非道德性……

人類的獸性從原則上說要比所有美好的狀態與意識，高度重要得多。只要後者尚未成為人類獸性的工具，那麼，它就是多餘的。

人的整個意識生活包括精神、靈魂、心靈、善良與道德。人的意識，又為誰效勞呢?它的所作所為旨在儘量完善人類獸性的基本功能，首先是為了生命的增強。

尼采非常重視人們所說的「身體」與「肉體」，他認為其餘的東西只不過是一個很小的附件而已。我們的任務就是不停地紡織完整的生命線以使它越來越強盛。可現在我們卻目睹心靈、靈魂、道德與精神，正在共同密謀以期顛覆這個原則性的任務，它們意圖自成目的……生命的退化從本質上來說取決於意識的特殊誤導；幸好生命又為本能所控制，並因此長期肆行無忌。

我們是否能以意識的快感或不快感為標準來衡量存在有無價值呢?我們還能臆想出另一種更自負的標準嗎?這不過只是一種手段，快感或不快感同樣也只是手段!那麼價值的客觀標準何在?唯一標準就是追求增長的意志……

上帝沒有神性

上帝存在嗎，不存在，既然上帝都不存在，那談何上帝有神性?上帝有神性不是有絕大多數人認同嗎?那麼在此借用尼采的一句話，你認為上帝有神性，上帝能否救你？能救你的除了自己之外，別無他人，因而，上帝根本不存在，自然也就沒有神性了。

縱觀我們以往的歷史及其現狀，我們沒有看到上帝的蹤影，這個偉大的事實並沒有將我們與其他人分隔開來；使我們與其他人產生隔閡的原因是：我們認為受人尊崇的上帝根本沒有「神性」，它只不過是神聖的面具，是一種盲從，是荒謬而可憐的蠢物與誹謗世界和詆毀人類的原則，總之我們否定上帝是神。人類按照自己陰險狡詐的標準將它認為是善良、智慧、強有力和有價值的現象視作萬物之源，與此同時又對整個引起某種善良、智慧、力量與價值的因果關係視而不見，人類心理的虛偽簡直達到了登峰造極的地步。

總之，人類把最遲的和最受限制的因素看成不是生成的，而是「自在」的，甚至看成生成的世界之根源……倘使我們從經驗出發，從一個人明顯超越了人性的標準這個事實出發，我們便會發現這樣一個事實，即每種權力都超出了「善惡」與「真假」，每種權力都不考慮善良的目的，這種觀點是一種大智。善良、真誠、正義、美德和其他大眾化的，蒼白無力的價值標準在權力中都被拋棄了。現在終於輪到高度的善良：難道我們看不出善良是以精神上的短視與鄙俗為前提的嗎？難道我們看不出人類沒有能力從更遠處出發來區分真假，區分利與弊嗎？難道我們不可以說被至善所控制的力量會帶來最嚴重的後果（即「取消惡」）嗎？實際上我們看到的是「充滿了愛的上帝」向他的信徒們灌輸了為了向善而毀滅整個人類的思想傾向。事實上，這同一個上帝在世界的真實現象面前不過是一個極期短視、卑鄙和無能的上帝，由此可見這種世界觀究竟有多大的價值。

知識，智慧與善良一樣，本身並沒有什麼價值。我們總得有一種使這些性質獲取價值或非價值的目標。有一種目標可以使達到極限的知識成為毫無價值的垃圾。（當極端的錯覺成為生命增強的前提之一的時候，或者當善良能折斷強大的欲望的彈簧的時候……）

我們人類的真實生活表明：迄今為止基督教中的一切「真理」「善良」，「神聖」與「神性」只不過是一個巨大而危險的陷阱。直到今天，人們還處於被否定生命的理想所毀滅的危難之中。

自我獨立

不知何時起，命運掌握在自己手中已在現代人嘴上悄然成風，這絕對是值得可喜、可賀、可慶的，因為人們終於不再相信上帝能幫助自己，這是現代人的一大進步。

當存在上帝時，一切都取決於上帝的意志；假如我們不服從他的意志，那麼我們就一無是處。

當不存在上帝時，一切都取決於自己，「我」必須證明「我」的獨立性。自殺是證明上帝的獨立性最為圓滿的方法。

上帝是必要的，因此它必須存在；然而並不存在上帝，所以我們再也不能苟活下去了。

這種念頭也在折磨斯塔夫洛金（杜斯妥也夫斯基小說《附魔者》中的無政府主義者）：「當他信上帝時，他並不相信他信上帝；當他不信上帝時，他也不相信他不信上帝。」

杜斯妥也夫斯基筆下的基里洛夫有一種堪稱經典的表述：「我有義務肯定

我的懷疑。我的目光中除了流露出否定上帝的意念之外就空空如也了。什麼叫人類史？人類除了發明了上帝之外一事無成。發明上帝的目的就在於不自殺。我是首個否定虛構的上帝的人……」

殺死他人是最低級的自我獨立性之表現。我們所應追求的最高級的獨立性。

過去的自殺者總是有理由自我毀滅，你卻沒有自殺，唯一的原因是：你要證明你獨立不羈。

天才的痛苦及價值

有誰見過雄鷹在天空是結伴而行的，只有那些大雁才會如此。天才注定了是孤獨的，因為他們的言論，無人理解，他們的舉措無人認同，甚至於他們的存在對渺小者來說便是一種災難，因而會招來群起而攻之的後果，故，天才注定是痛苦的。

一個天才即便願意給人快樂，但如果他站在很高的水準上，他就很容易曲高和寡了。即使他端出美味佳餚，人家也不想品嚐。

這種情況有時會使他心生傷感；因為他根本無權強迫人家快樂。他吹響了他的笛子，可是沒有人願意跳舞：這是悲劇嗎？——也許是吧。但作為這種缺憾的補償，比起別人在所有其他的活動中所具有的快樂，他畢竟在創造中有更多的快樂。人家覺得他的痛苦言過其實，因為他的喊聲太響，他的嘴太會說；有時他的痛苦真的很大，但也只是因為他的虛榮心和嫉妒心過重。像克卜勒、史賓諾沙這樣的科學天才一般不如此急於求成，對於自己真正巨大的痛苦也不如此大肆張揚。他非常有把握指望後世，故此可以捨棄現在；但一位藝術家這樣做，卻終究是在演一齣絕望的戲，演出時，不能不傷心之至。

在極少的場合——當一個人集技能、知識天才與道德天才於一身之時——除上述痛苦外，還要增添一種痛苦，這種痛苦可視為世上極特殊的例外；一種非個人的，超個人的，面向一個民族，人類，全部文化以及一切受苦之存在的感覺；這種感覺因其與極為困難而遠大的認識相連而有其價值（同情本身價值甚小）。然而，用什麼尺度，什麼天平來衡量它的真實性呢？

一切談論自己這種感覺的人豈非幾乎都使人生疑嗎？

人的表情和語言

人類在語言沒有產生之前是靠肢體語言來交流的。人的表情對人的影響由來以久，且將繼續與人類寸步不離。

表情姿勢的模仿比語言更古老，它是不由自主地發生的，即便在今天，人們普遍控制表情姿勢，很有教養地支配肌肉，它仍如此強烈。

當你看到一張激動的臉時，自己的臉部神經不可能沒有絲毫反應（倘使你留心，便能觀察到，一個人假裝打呵欠也會引起別人自然打呵欠）。模仿來的表情姿勢把模仿者引回到這種表情姿勢在被模仿者臉部或身體上所表達的那種感覺。人們便是這樣相互理解的，嬰兒也是這樣學會理解母親的。一般來說，痛苦的感覺是透過本身會引起痛苦的表情姿勢（如扯頭髮，捶胸，臉部肌肉劇烈扭曲抽搐）來表達的。反之，快樂的表情姿勢本身就充滿快樂，因而很容易使人理解（笑原是快樂的呵癢的表現，又用來表達其他快樂的感覺）。

人們一旦透過表情姿勢相互理解了，表情姿勢的一種象徵就會產生。人們會就一種音符語言達成協議。雖然開始時是聲音和表情姿勢（象徵性地做一下）並用，後來才只用聲音。看來從前也時常發生同一過程，這一過程如今在音樂，尤其是戲劇音樂的發展中展現在我們面前；一開始，沒有說明主題的舞蹈和啞劇（表情姿勢語言），音樂便是空洞的聲音，在長期習慣於音樂和動物的配合之後，耳朵才訓練得能夠立刻分辨聲音的形態，終於達到頓悟的高度，完全不再需要可見的動作，而能理解無動作的音樂。於是才有所謂純音樂，即其中一切無需其他輔助手段就立刻被象徵性地理解的音樂。

意識

意識是人類與生具有的秉賦中的一種，如同人的表情、言語一樣對人有著重要的影響。意識所做出的判斷，正確與否直接決定著你行為的對與錯。

意識是人類與生具有的秉賦中最晚也是最近發展的，因此也是最為粗略的。

無數的錯誤都源自於意識，它，誠如荷馬所說的「不在乎命運」，常導致一個動物或一個人比其預期的還要提早崩潰。要是保護的本能不那麼強而有力的話，就無法做到一個有如調節裝置的功能；用乖張的判斷，睜著眼做夢，膚淺和輕率，簡單地說，只用意識，人類就必定會走向崩潰和毀滅，或者若是沒有前者那些因素，人類早就比後來更糟糕！

在一個機能尚未完全形成與成熟之前，對有機生物是存在危險的，假使它能完全壓制那最好不過！而意識就是這樣完全地壓制著一切，而且絲毫沒有一點得意！人們認為這就是人的精髓，是人身上最高尚、最持久的、不變的與最原始的東西！意識被視為是既定與固定的，它沒有「成長與間歇性」！它是「有機生物體的單獨個體」！——這個對意識的可笑的高估及誤解，也有其由於完成太快而阻礙其發展的巧妙效用。因為人類相信他們已經占有意識，他們在獲得它時並沒有給予自身增添什麼麻煩——不過現在不同了，在人類的眼中，一個完全新的問題正在產生，而且還不容易清楚地辨認：使知識在我們身上具體化並成為一種本能。唯有那些認清迄今為止只有錯誤在我們身上具體化，而所有我們的意識都與這個錯誤有關聯的人才看得見這個問題！

讓我們留心

讓我們留心，不要認為這個世界是一個活的實體；不要相信宇宙是一部機器；不要假設宇宙間所有的一切都像日月的運行那麼有規律；不要把無情和無理歸因於它的自身或與它相對的一邊；不要說生與死相對；不要認為這世界永遠不斷地創造新的文件，總之我們要留心這個世界的一切。

讓我們留心，不要認為這個世界是一個活的實體。究竟它自身能擴展至何處？它以什麼來給養自身？怎樣來茁壯成長？

我們非常清楚有機體是什麼，並且想要將地球表面上我們知道顯然是派生的、遲緩的，稀少與偶然的一切重新論釋為本質的、普遍的與永恆的，一如他們稱這個宇宙的有機體。

讓我們留心，不要相信宇宙是一部機器，無疑的，它並非只是為了某一目的而構建的，我們賦予「機器」這個字眼太過於崇高的意義了。

讓我們留心，不要假設宇宙間所有的一切都像日月的運行般那麼有規律。

事實上對銀河驀然一瞥，都經常會引起我們的懷疑，在那裡，是否甚少較天然或較對沖的運行，甚至那些一直被重力吸引而以直線繞行軌道的眾星球也是？我們生存於其中的天體排列是一個特例，這種排列以及為此排列所限定之相對的永久性，又可能成為特例中的特例與有機體的構成因素。從另一方面講，這個世界的一般特性，便是賦予所有的永恆以混沌，這並非由於缺乏必然性，而是因為缺乏秩序、架構、形式、美麗、智慧以及其他稱之為美學上人類屬性的一切。以我們的理智來判斷，不幸的特徵反而越發是法則，特例並不是那個祕密的意圖，而整個音樂盒一再地重複它那絕不能稱之為旋律的調子——最後，這「不幸的特徵」的表達已然是捲入非難中的人格化了。不過，我們又怎能擅自非難或讚美宇宙！

讓我們留心，不要把無情和無理歸因於它自身或與它相對的一邊，它既不完美，也不美麗、高貴，它沒有任何模仿他人的想法！它對我們的美學與道德上之判斷視而不見！它既沒有任何自己的本能，也沒有其他的本能，甚至也不知道律則。

讓我們留心，不要說大自然中自有規則，其中只有必然的事：沒有發命令的人，沒有遵從的人，也沒有踰越的人。一個人沒有意圖，便不會有機會，因為只有在有意圖構想的情況下，「機會」這個字才有意義。

讓我們留心，不要說生與死相對。生不過是死的一種，而且是非常少的一種。

因此，讓我們留心，不要以為這個世界永遠在不斷地創造新事物。實際上，並沒有永久不滅的實體，物質正如伊里亞特之神，是另一個誤解。但是，我們應當在什麼時候以我們的留心與謹慎作一個了結？所有這些上帝的陰影要到什麼時候才不再遮蔽我們？我們要到何時才會有完全不被敬如神明的本性？什麼時候才能純粹的挽回本性，還我本來面目？

祈禱的價值

祈禱是為心虛、懦弱膽小者、沒有任何思想者專設的，對於他們來說，他們害怕生活中出現不幸，害怕遭遇險情，遇上災難，因而他們有閒暇便會靜下心來默默祈禱。這樣的行為是可笑的，這樣的舉止是悲哀的，他們明知道祈禱並不能改變什麼，而仍執意如此、只為心理求得安寧便逃避現實。試問，祈禱真的能改變什麼嗎，不能，所以祈禱毫無價值。

祈禱是為那些永遠沒有任何自己思想的人而設的，對於他們來說，靈魂的提升是不可知的，或者他們根本就不在意。

在神聖的場所，或生命需要獲得平靜與某些尊嚴的重要場合，這些人會有什麼舉動呢？至少他們不會擾亂安靜，那些宗教創始人的智慧均已藉著祈禱的信條而灌輸給他們，就如同嘴唇的長期刻板工作，並配合一種記憶的努力，加上一套制服，以及依照規定的手、腳和眼所擺的姿態，形成一種固定的模式；他們會像僧人一樣，嘴裡不停地喃喃唸著經文。或者有如瓦拉納西（印度北部一城市，位臨恆河，為印度教之聖地）。人們一邊掐指，一邊低誦神的名號。或者他們也會一邊數念珠，一邊祈禱。

總之，他們都會在某個時間裡全神貫注地做一件事，並且表現出一副堅忍的態度，至於祈禱的模式則完全是為那些一心想要提升自己的虔誠教徒們的功德利益所設計的。不過，即使一連串莊嚴的字句和音聲，以及呆板而肅穆的禮拜儀式能有益於他們，還是會有他們煩惱的時候。

就算這些少數人知道應該怎樣幫助自己，但在精神上貧乏的大多數人則是一無所知的，若是強行禁止他們的喃喃祈禱，就等同於剝奪了他們宗教。因此，宗教乃帶來了光明；而所有那些宗教之所以會接受這種人，則是因為他們在祈禱時會保持其手、腳、眼，以及各個器官的靜止，使他們美化於一時——看起來更像個人！

最大的改變

人是應該被超越的，不管你要超越的對象是怎樣的光彩奪目，社會要求每個人都去超越他，儘管這很難辦到，因為只有超越先者，社會才能進步。

一切的色澤和光彩都已發生了改變！我們已無法了解早期的人類是如何理解日常生活中最為熟悉與接觸最頻繁的事物的。譬如，早上醒來，是因為他們對夢的覺醒有不同的看法，還是因為別的緣故。整個人生也是如此，透過對於死亡及其意義的思索，會驀然發現，我們的「死」是一種全然不同的死亡。上帝照射在一切文物上的光彩均不一樣，所有的決心和對將來的展望亦然，因為人們得到神祕的啟示，且相信預言。

相對於「真理」，人們則是以另一種極為不同的態度去接受，因為在較早的時候，瘋子曾被視為它的代言人——一件常會令我們悚然或發笑的事。至於不公平，則又造成另一種感受，因為人們並不只是害怕法律的懲罰與受到恥辱，而更怕上天的報應。其實，在人類信仰撒旦的時光，曾有過多少歡樂！當人們看見魔鬼就在身旁的時候，也曾有過幾許激情！而當懷疑被視為一種最為危險的罪惡、對於永恆之愛的侮辱，以及對於一切善良、純潔、崇高與仁慈的不信任時，又曾有過怎樣的哲學啊！

我們不斷去刷新有色彩的一切，但是和從前的大師們（指有成就的古人）壯麗而嘆為觀止的色彩相比，我們又是達到了什麼樣的境界？

個人之上帝

一個人的成功總是和自我的辛勤耕耘分不開，當然，機遇有時從中扮演了極為重要的角色，甚至，人們誤以為這是上帝在幫他，因而便產生了個人之上帝。

在生命的旅途中，會有某個極點，在那裡，儘管有我們一切的自由，但我們依舊處在知識領域的險境中，並且必須去面對最艱難的嘗試。

此時，由於個人之上帝的概念初次以其最大的說服力將自身呈現在我們的眼前，同時有最佳的倡導者支持它，因此當它明朗化時，我們所接觸的一切便都成了乃是為求至善至美而存在。每一天或每一刻，每一秒的生活似乎都只在渴望著這種境況的日新月異；一切都緊隨它，不管是好是壞，疾病與毀謗會造成的傷害，信件的遺失，腳的扭傷，一次激烈的爭論，一本書，一個迷惑的肇始，凡此種種，它自身均會立刻呈現出來，就像某些「不許缺少」的東西——它充滿了極深的意義，且對我們非常有用！

祛除我們對某些平庸之神的信念，會是一個更危險的考驗嗎？誰會對巧言令色的態度不感到噁心？儘管如此，我們還是要撇掉上帝（以及經濟實用的天才），同時希望能滿足自己所作的假設：我們本身對每個事物的解釋與安排，在理論和實際的運用上均已達到相當純熟的地步。但是，我們也千萬不要把自身智慧的靈巧想得太厲害，有時我們會非常驚異於美妙的和諧乃是由玩弄我們的手段而造成的——那種和諧似乎太適合我們了，以致不敢將它歸功於我們自身。

事實上，經常有人在伴隨我們左右，那便是可愛的機運先生，他時常帶我們起舞，助我們獲取成功的果實。

人的個性

人的個性是人自身能力的反映，個性懦弱的人其行事為人總會畏手畏腳，而個性特立獨行的人又很難與周圍環境相協調。一個人的個性是好是壞最起碼得我們自己滿意，因為唯有如此，我們才能對「人的面目」完全忍受。

給人的個性一種「風格」——這是一種稀有因而更顯崇高的藝術！

從一個人的優點和弱點去觀察他的本性，然後依此本性擬定一套獨創性的計畫，直到一切都顯得很有理性、也很藝術，甚至即便是弱點也使眼睛著迷——運用那令人羨慕的藝術。

此外，還有許多的第二天性在增加之中，相應的，部分第一天性則在減少，這是由於兩者在日常工作與活動中的不同之故。不曾減少的醜陋則一直被隱匿起來，且被重新解釋為高尚莊嚴的新形象。而不願形式化的諸多曖昧也被保留著作為透視之用，意即給那些較為冷僻而不可測的一面一個暗示。最後，當這項工作完成時，我們會發現這根本就是對同一個嘗試——將之組織或塑造成整體或局部——的抑制與壓迫。不管這項嘗試是好是壞，最重要的是：它是一種嘗試！這就夠了。在自己的律令之拘束下而能體驗到最高的愉快的，那便是他們強烈的傲慢之天性，而他們那強烈意志之激情在見到所有受過訓練與被征服過的天性之後便會立刻為之大減；即使他們有宮殿可建或有花園可設計，也不想去做解放天性的嘗試。

相反，個性弱的人沒有超越自己的能力，而且也憎恨風格的限制。他們覺得，倘使將這種討厭的束縛加在他們身上，則定會使其變得粗俗不堪；只要他們受它使喚，他們就會成為奴隸，而他們憎恨受役使。這類知識分子（他們也許是第一流的知識分子）總是關心對自己的塑造與詮釋，這樣對他們來說也比較好，因為只有在這種態度下，他們才能令自己愉快！

有一件事是不可缺少的，那便是：人應當做到自己滿意。只有這樣，我們才能對「人的面目」完全忍受！那不滿於自己的人便為此而隨時準備向自己施加報復；如果我們一直忍受他那醜陋的面目，則我們亦會遭受池魚之殃，因為醜陋的面目會使人變得卑賤與可悲。

沉思者的幻覺

思想的巨人和普通人的不同之處，在於前者比後者看得多，聽得多，而且每天花在思考上的時間也要多，且均能細心體會。這一點同樣是人和動物，思想巨人和普通人的區別所在。

智慧的人和愚鈍的人不一樣，前者比後者看得多，聽得多，而且均能細心體會——這也正是人和動物、高等動物和低等動物之間的區別所在。

對於在人格上日臻成熟的人而言，這個世界是愈來愈完滿了。永遠會有更多有趣的釣鉤投向他，他的「興奮劑」在不斷增加，還有快樂和痛苦亦是如此——智慧的人變得總是更加快樂，同時也更加不快樂。一種幻覺一直伴隨著他，他一直以為自己是生命之偉大啞劇與音樂會的觀眾或聽眾；他稱自己的本性是富於沉思的天性，因此感覺到自己還是個真正的創造者，且是生命的詩人——無疑，他和戲劇中的演員有很大的區別。當然，與在戲台前的純粹旁觀者或觀眾不一樣。深入的沉思與反省對猶如詩人的他來說是一種比較獨特的工作，然而最重要的，還是在於他有極強的創造力，那是演員或一般群眾所缺少的。

是我們，一直在處心積慮地想要製造一些以前並不存在的東西：整個不斷地增漲中的屬於價值、色彩、評估、觀察、肯定與否定的世界。我們立足其中的這個大組合，不斷地在學習、實踐，並接受新的詮釋和意義。

舉凡經這個世界評價過的一切，未必有經過其自己本性的評價——本性永遠是無價的——然而我們確曾賦予了它們價值。也就是說，我們只是創造了一個一切以人類為主的世界！

我們正好缺乏該種知識，而當我們剛掌握它時，轉眼又立刻給忘掉了；我們高估了自己的能力，我們這些沉思的人類，同時也低估了自己本身——我們既沒有如自己所想像的驕傲，也沒有如自己所想像的快樂。

失而復得的智慧

人就是那樣，在你無所畏懼，視死如歸、見義勇為的時候，你並不會覺得自己有多偉大，有多了不起，你一點都不會認為自己很勇敢。

我們並非永遠是那麼勇敢，而當我們疲憊不堪之時，與我們類似的人便會如此悲嘆：「要使人類嘗受痛苦真不容易，而那是不可缺少的！當我們不想讓自己繼續苦惱下去，隱居起來會比較好嗎？和瘋狂和群眾生活在一起，以及為了贖償個人所犯的罪（必須犯的罪）而和整個人類相抗是否會較不適合呢？傻子所有的是愚昧，虛榮者所有的是空幻，狂熱者所有的是狂熱，是嗎？在重要的地方而有如此巨大的歧異會不合理嗎？當我聽到別人對我的憤懣——那種感受不就是初次的滿足感嗎？是的，應該這樣！我實在很難和你取得協調，而真理又多半站在我這邊，故你對我的損失幸災樂禍！這是我的錯誤、我的缺點、我的困惑、我的幻想、我的淚水、我的虛榮、我的矛盾！你可以譏諷我，你可以嘲笑我！笑得令你開心！我從不反對事物的本性和規律——我也無法反對——即使是缺點與錯誤也應該帶來歡悅！任何人當他得到一個理念時，都會感到十分榮耀；儘管他的理念也許並不怎麼新穎，但他還是會自認為了不起地跑到大街上去告訴每一個人說：『看啊！天國就在眼前！』即使我身上的缺點很多，我也不會逃避自己，我當全力去面對，事實上沒有人是完美無缺而世界又少不了他的！」

總之，如我們所言，當我們勇敢、無所畏懼的時候，我們並不如此想，我們一點也不認為自己是勇敢的。

閒暇與懶散

這是一個高速運轉的時代，閒暇與懶散儘管會存在於一些不思進取者身上，但這也多半會招來別人的白眼與冷嘲熱諷。而對於那些追求超越自我者來說，閒暇與懶散不異於是在慢性自殺，是在自我毀滅。

有一種印第安的野蠻，即在印第安人的血液中特有的野蠻，保持著美國人追求黃金的狂熱和透不過氣來的敏捷（新世紀典型的惡習），已經開始向歐洲大陸傳播，同時也以一種缺乏知性的怪異生疏而擴展至各地。

現在的人多以休息為恥，即使是長時間的靜坐思考也幾乎會引起良心的苛責。思考乃是以秒錶來計時的，就如同用餐時兩眼所盯的只是報紙上財政金融方面的新聞一樣：我們的生活和那些「害怕讓機會溜走」的人一樣，「做什麼事都可以，總比不做事的好。」這個原則也是每個教育程度較高的人可能會因之而窒息的累贅。由於這些工人的忙碌，而令所有的形式皆明顯地消失泯滅，因此形式本身的知覺，對於行動旋律的聽力和視力跟著消失了。這一點我們可由近來流行的粗俗的簡明中得到證明，在和朋友、親戚、女人、兒童、老師、學生或王公貴族交往時，大家都要求這種簡明——一個人無須再為了禮儀而費時費力，對於一些繁文縟節，或者在生活中所表現的才智，以及任何悠然之事亦然。

為了要在生命中有所收穫，一個人往往會被迫去消耗他的智力，而使他疲憊不堪，為了要擴張，或者搶得先機，因此必須比別人在更短的時間內完成工作。如此一來，則能夠真誠交往的時間更顯得極為有限：然而，人們對此已感到倦乏，不僅希望任其自然，而且還要以笨拙的方式到廣闊的外界去伸伸腿。如今，人們寫信的方式跟得上時代，他們的精神與風格永遠都是真正的「時代標誌」。倘使在社會和藝術中有任何喜悅可言，那就如同工作過度的奴隸們從自身所得到的喜悅一樣。呵，我們這些高智商或低智商者之對「喜悅」的節制！呵，這種對所有的喜悅日益增加的懷疑！工作已經愈來愈壓倒良知了，對於喜悅的欲望已成自稱為「對娛樂的需要」，甚至已開始自覺羞愧。

「這是為了健康的緣故」，當人們被發現在偷閒時常會這樣辯白。事實上，動作敏捷的人多半不會想到要對生命作一番沉思（意即帶著思想和朋友去遠足），當然也就不會有任何羞愧或不安之感。在從前，這可算是一種極端的反動，是因為有愧於心而激發的「行為」。

一個出身好的人在被迫去勞動時往往會將他的工作隱藏起來：而奴隸則要在他認為所作之事乃屬在卑賤者的重壓下才肯付出勞動。

「做事」本身便是可卑的，「唯有在閒暇與戰鬥之中才有高貴和榮耀可言」。這便是古代的偏見！

愛是必須學習的

我們必須以愛音樂的態度去愛我們所愛的每一樣事物。我們對於生疏之事物的體貼、耐心和理性總是要在最後才會得到報償；亦即是，那些生疏的事物會慢慢揭去它的面紗，而呈現給我們一種嶄新而不可名狀的美麗——那是它對我們的殷勤致謝。

愛是必須學習的，這是我們在音樂中獲得經驗：大致說來，我們必須先學習去聽，全神貫注地聽，然後辨別它的主題或旋律，我們必須使它自身孤立如同生命一樣，再充分發揮我們的意志，以便在它怪異時能容忍；對於它的表現必須要有耐性，對於它的古怪之處也不要予以抨擊，這樣，日久天長，終會有我們習慣它的時候。當我們渴望它，而它也使我們知道倘使缺少它我們便會思念它時，它便繼續運用其魔咒與魅力，且愈來愈甚，直到我們成為它的謙卑而狂喜的愛人為止：我們要它，且一味地要它，並認為世上再也沒有比它更值得我們愛的了。

然而，不僅對音樂如此，我們也以同樣的態度去愛我們所愛的每一樣事物。我們對於生疏之事物的體貼、耐心和理性總是要在最後才會得到報償；亦即是，那些生疏的事物會慢慢揭去它的面紗，而呈現給我們一種嶄新而不可名狀的美麗——那是它對我們的殷勤致謝。那些愛自己的人也是藉著這種方法才學到的，因為沒有第二條路可循。

愛也是必須學習的。

未來的人性

當下的人性是可悲的，因為他們全心全意的一切行為全是為自我著想。因而我們渴望著那毅然承擔人類所有的得失、苦難、愉悅、新舊的未來的人性的誕生。

當尼采以未來的眼光看這個時代，竟然發現現代人身上沒有任何值得一提的。這在歷史上是一種新奇的趨勢，假如這種萌芽期有數世紀之久，則或許早就培育出了無數了不起的品種，而我們的古老地球也能讓人類生活得更加舒適愉快了。然而，事實上我們這些現代人卻才著手打造那未來之棟——我們幾乎不知道自己在做什麼。

對我們來說，幾乎這並不是什麼新的情感問題，因為歷史感依舊顯得如此貧乏與冷酷，並對一切濫施打擊：對他人，它則是即將來臨之年代的先兆，在那些人眼裡，我們所在的地球像是一個憂鬱的病號，為了忘掉眼前的不適，而暫時回憶那過去的青春時光。事實上，這便是嶄新情感的一面。凡是知道怎樣將整個人類的歷史當作其自身之歷史來看的人，便能體會到病人的痛苦，老人的懷舊、烈士的獻身、英雄的遲暮等多種心境。而為了要能忍受這各種悲傷，我們依舊得強打精神，做個在戰鬥後仍能向黎明與喜悅歡呼的英雄。彷彿我們便是世界的分水嶺，以往一切知識和高貴美德的繼承人，同時也是新貴族階級的第一人，這些都是我們所未曾夢想過的。

要毅然承擔人類所有的得失、苦難、愉悅、新舊，將它們通通裝進一個心靈裡面，且蘊含在一種感覺之中；如此，便能達成人類前所未有的幸福——一種上帝的愉悅、充滿了幸福與悲傷，歡笑與淚水，那種愉悅就像黃昏的落日，不斷地將其不絕如縷的充實與空虛注於大海！這種神聖而莊嚴的感覺，或許可以稱之為「人性」罷！

受苦的意志和同情

同情的天性便是去解除自己所不熟悉的痛苦；然而，我們的施惠者比敵人更能貶損我們的價值和意志。

同情別人對你會有好處嗎？或者是對被同情者有好處？我們先來說第二項。

我們所感受到的最深的痛苦，其他人是無法了解與相信的。如此一來，即便我們與鄰人同桌共飯，彼此之間也難免有隔牆之感。不管在什麼地方，只要我們被當作受苦者看待，則我們的痛苦便會淪為膚淺；去解除自身所不熟悉的（別人的）痛苦，乃是一種同情的天性；然則，我們「施惠者」比敵人更能貶損我們的價值和意志。在對不幸者所作的施捨之中，「施惠者」往往會有智性的輕率的表現——他將自身扮成命運之神的角色，他實在完全不懂在你我內心深處被稱為不幸的那種真正的痛苦和糾纏！

內心對過去的排斥，與同情者想像的「不幸」無關。那種人只想救濟施捨，而沒考慮到個人有時也需要不幸，你我皆需要恐懼、缺乏、貧窮、冒險、誤解，就如同需要與這些相反的東西一樣。說得神祕點，通往個人的天堂之路總是要經過個人的地獄之慾念的。是的，那種人是無知的，當「宗教的熱情」命令他去濟助別人，他便以最快的速度去辦理，並且總是自認為幹得非常圓滿！倘使你以同樣的宗教情緒對待別人；倘使你不願忍受你的痛苦並想阻止一切可能發生的不幸，倘使你把痛苦當作邪惡、可憎而應予消滅的，那麼，你等於是剔除了同情的宗教而代之以另一種「自以為舒適的宗教」。

噢，你這個軟心腸而舒服的人啊，你對人類的快樂知道的何其少啊！——因為快樂和不幸原是一對孿生兄弟，他們從小一起長大；或者，在你身上則兩者皆長不大！

現在，我們再來聊聊第一問題，一個人怎麼可能一直保持他的路程不變！某些呼喊或者什麼誘惑往往會將我們引到歧路上去，我們很少去注意那些當它不存在時便會感到十分需要的東西。有許多能使我們步入歧途——這些方法還是最「道德」的呢！只需給我們目睹一次真正的痛苦，那麼，我們也會迷失而不知所措！假如有一個正在呻吟的朋友對你說：「你看，我快要死了，你和我，一塊死吧！」——或許你會答應，正如看到一個小的山地民族為了自由的生活而和大自然不斷地在作奮鬥與掙扎的情景，不免會使你油然生出將你的雙手和生命一併獻給他們的念頭。

此刻，只要一有任何戰事發生，則總是同時會有某種隱祕的喜悅在最高貴階層的人群中散播出來，他們會很高興地趕著去面對死亡的新危險，因為他們相信只要能為國捐軀，便可得到夢寐以求的允許——允許他們逃避自己的責任與理想，戰爭對他們來說，是一種獲得解脫的方便法門，一種心安理得的方便法門。

尼采說：「隱居起來吧，那樣你才能過真正屬於自己的生活。不必去了解那些似乎對你很重要的東西！將世界的擾攘和戰爭的喧囂當作是在對你喃喃低語！你亦需要救助，同時也能完全了解那些人的痛苦，因為他們和你有著同樣的不幸與希望。但是，我的朋友，真正的救助是自助。我要使他們變得更加勇敢，更加堅忍、更加單純，更加愉快！我要教給他們某些現在少數人所知的東西，那就是快樂的友情！」

道德問題

到目前為止，道德根本就不會被視為一個問題，它一直被視為人類在猜疑、不和以及衝突之後所達到的基點，是思想家可以自本身獲得歇息，可以恢復其呼吸而甦醒的安寧且神聖之地。尼采對道德的看法認為要先對其存疑，才能繼而探討。

人格的缺點帶給我們的後遺症隨處都是：衰弱、怯懦、不值一提、自我貶抑以及自我否定的人格，已不再適用於任何良好的事物——尤其不適用於哲學。

「無私」無論在哪裡都毫無價值，而非常的問題便需要非常的關愛，唯有堅強、成熟、心靈穩固而基礎深厚的人才足以解決非常之問題的大任。就此看來，有兩種不同的解釋，即一個思想家是站在關係到他的問題、他的命運、他的需求，甚至是他至高無上的樂趣等個人的觀點上呢？或者，只是立於非個人性的，亦即他可以以一種漠然，探索的思想觸手來感覺或攫取它們。就後者而言，必定不會有任何結果可言，因為非常問題必然無法為膽小怕事者或癩蛤蟆之輩所能解決，這和他們的胃口並不符合。尼采說，他從未見過任何人（即使在書籍中也是如此）會有這種情形——也就是當道德為某個人的需求、感情、喜悅及情緒等諸問題——之下遵守道德？很顯然，到目前為止，道德根本就不會被視為一種問題，它一直被視為人類在猜疑，不和以及衝突之後所達到的基點，是思想家可以自本身獲得歇息，可以恢復其呼吸而甦醒的安寧且神聖之地。

在萬分艱難的情形下，尼采發覺到了一些為完成價值之評估與這些情愫之來龍去脈之整個歷史的目的所僅存的資料（這和對它們的批評及倫理體系的歷史大相逕庭）。尼采竭力用各種方法想從中汲取經驗，但時至今日，卻似乎一切均是徒勞。從這些道德的歷史學者處根本就學不到什麼東西，幾乎可以這樣說，他們自身經常被一種界定的道德所影響，且其行動如同穿戴甲胄和為人隨從一般地毫無意識——或許是依舊真心誠意地重複著歐洲基督教普遍的迷信，即道德行為的特徵乃是包括了自制、自貶、自我犧牲，或相互了解與同患難。

這種前提一般的錯誤在於堅持人類，至少是文明人之間；對道德的某些主張要有相當的一致性。因此，他們歸結這些主張即使是對你我而言，也是有所束縛的。或者反過來說，當他們明瞭道德的評價在不同的民族之間必須是有區別的事實之後，他們便歸結到任何道德都沒有束縛力，而這兩種結論都是同等幼稚的愚見。此外，他們所犯的更難解的錯誤便是，他們發現並批評一個民族關於自身的道德可能會有愚蠢見解，或者是人類關於一般道德的見解（你們於是論述其來源、宗教的約束力、自由意志的迷信以及種種類似的事項）；而他們天真的認為僅僅憑著這些行為就已經批評了道德本身。

然而「你應該……」的這種法則之價值，以及關於該種法則的各種見解是絕然不同且分別獨立的；同時還必須由錯誤的雜草之中將其辨別出來，而它或許早已在錯誤裡面根深蒂固了。就好像一種藥方對一個病人的價值完全繫於他對藥物是否有科學上的認識，或者只是認為藥物正如同妻子所給予他的幫助而已。即使是在錯誤中亦可能產生道德；但是就此而言，其價值問題卻根本就不曾被提起。所以，迄今還沒有人查驗過最著名的藥方（稱之為道德）之價值究竟如何，為了達成這個目的，最重要的便是要先對其存疑才行，而這正是我們的工作。

美與醜

美能給人帶來快樂的享受，能給人帶來愉悅，美色總能讓人賞心悅目，而醜卻總給人帶來壓抑，因而常被看做衰退的一個暗示和象徵，哪怕間接地令人想起衰退的東西，都會使我們做出「醜」這個判斷。

沒有什麼比我們對美的感覺更有條件，毋寧說更受限制了。倘使試圖離開愉悅去思考美，你就會立刻失去根據和立足點。「自在之美」純粹是一句空話，從來不是一個概念。在美之中，人把自身視為完美的天使；在精彩的場合，他在美之中崇拜自己。一個物種捨此便不能自我肯定。它的至深本能，自我保存和自我繁衍的本能，在這樣的昇華中依然發生作用。

人相信世界本身充斥著美；——他忘了自己是美的原因。唯有他把美贈與世界，唉，一種人性的，太人性的美……歸根結底，人把自己映照在事物裡，他又把一切反映他的形象的事物認作美。「美」的判斷是他的虛榮心……一個小小的疑問或許會在懷疑論者耳旁低語：人認為世界是美的，世界就真的因此被美化了嗎？人把世界人化了，僅此而已。然而，無法擔保，完全無法擔保，人所提供的恰好是美的原則。誰知道人在一位更高的趣味判官眼裡是什麼模樣呢？也許是膽大妄為的？甚至或許是令人發笑的？或許是專斷的？……沒有什麼是美的，只有人是美的；在這一簡單的真理上建立了全部美學，它是美學的第一真理。我們立刻補上美學的第二真理：沒有什麼比衰退的人更醜了，審美判斷的領域就此被限定了。從生理學上看，一切醜都使人衰弱悲苦。它易於使人想起頹敗、危險、和軟弱無能。在它旁邊，人確實喪失了力量。可以用功率計測出醜的效果。只要人在何處受到壓抑，他就可估出某種「醜」的東西還在身旁。他的強力感，他的強力的意志，他的勇氣，他的驕傲——這些都隨醜的東西跌落，隨美的東西高揚……在這兩種場合，我們得出同一個結論：美與醜的前提極其豐富地積聚在本能之中。醜被看做是衰退的一個暗示和象徵：哪怕極間接地令人想起衰退的東西，都會使我們做出「醜」這個判斷。每種枯竭，笨重、衰老、疲憊的徵兆，每種身不由己，不論痙攣或癱瘓，特別是解體和腐爛的氣味、顏色、形狀，哪怕最終弱化為一個記號——這一切都引起同樣的反應，都引起「醜」這個價值判斷。在這裡，一種憎惡之情油然而生：人憎惡什麼呢？毫無疑問，憎惡他的類型的衰落。他出於至深的族類本能而憎惡；在這憎惡中有驚恐，審慎，深刻，遠見，這是世上最深刻的憎惡。

自由精神

有著翅膀的鳥兒，牠總渴望著藍天、白雲。牠總追求自由飛翔，即使牠有可能經歷嚴寒酷暑，狂風暴雨，人類的侵害。飛翔是牠的天性，因而牠拒絕、抗爭被人圈養，厭惡安逸的生活。這就好比思想的巨人，他們總在普通人認為舒適的環境裡追求自我實現。

哦，天真純樸的人啊！你們生活在多麼叫人奇怪的簡化與偽造中啊！人一旦留心看到這個奇蹟，一定會驚奇不已！我們是怎樣把周圍的一切弄得無掛無礙，舒適簡單的！我們是怎麼能夠使我們的感覺容忍一切膚淺之物的，是怎麼能夠使我們的思想神聖無比地想要隨意胡鬧，想要做錯誤推理！我們怎麼從一開始就想方設法地保持無知狀態，以享受幾乎不可想像的自由、無思想、輕率、熱心和愉悅——以此享受生活！迄今為止，只是這一堅硬的，花崗岩般的、無知的基礎之上，知識才得以建立起來，求知的意志建立在一個更加強大得多的意志之上，這個意志便是求無知、求不確定、求不真實的意志！不把後者看作前者的對立物，而是看作對前者的提煉！的確，我們希望，語言在這裡和在別處一樣，不要克服其尷尬處境，希望它在事物只是有逐漸變化和許多改進的地方，仍然談論對立；我們同樣希望，已經成為肉身的虛偽道德（它們現在已成為我們不可戰勝的「肉體」），將歪曲我們這些有識別力的人所說的話。我們不時地對其表示理解，對最高級的知識竭盡全力使我們待在這個簡化的、完全人為製造的、適當虛構的和適當偽造的世界上的方式，付之一笑；對它熱愛謬見的方式，付之一笑。它之所以熱愛謬見，是因為作為生活本身，它熱愛生活！

在這樣一個愉快的開局後，人們也許想聽到嚴肅的字眼；因為只有嚴肅的字眼才符合大多數人的心意。千萬要留神，對於那些哲學家和有學問的人，要留心不要因此殉難！留心不要「為了真理」而受苦！即使為了自我保護；也要留神啊！它損害了你良心中的天真無邪和優雅的中立；它使你無法接受反對言論，它使你易於發怒；它使你在與危險、誹謗、懷疑、驅逐，甚至更惡劣的敵意行為做鬥爭時，變得喪失理智、殘酷無比，最終聲稱自己是地球上真理的保護者——似乎「真理」是個非常天真幼稚，沒有行為能力的人，迫切需要人來保護！需要你們大家，你們這些一臉哀容的騎士，遊手好閒的先生們和製造時代精神的人們！最後，你們非常清楚，即使你們能說服他人同意你的觀點。也不會產生什麼驚天動地的結果；你們清楚的知道，時至今日，還沒有哪位哲學家能說服別人同意自己的觀點。你們清楚的知道，在自己特別喜歡的學說和特意說的話後面加的每一個小問號，要比上訴人在法庭裡上演的所有嚴肅滑稽劇和玩弄的騙人把戲有更值得稱讚的真實性！還不如躲開的好！躲開，隱藏起來，一併帶著你的各種假面具和各種詭計，以便把你誤當你現在的模樣，或擔心你的樣子！請不要忘記那個花園，那個有金花格涼亭的花園！把人們聚集在你的周圍，他們是花園，或者是白天已成記憶時，黃昏的水上音樂。選擇有益的、自由的、輕鬆愉悅的孤獨吧，它將使你有權保持善，不管是何種意義上的善！

每一場長期鬥爭都使人變得多麼惡毒、多麼狡猾、多麼壞啊！長期鬥爭是不可能明目張膽地用武力進行的。

長時間的恐懼，長時間的警惕著敵人或可能的敵人，這都將使人變得愛攻擊別人！這些被長期追捕，遭到殘酷迫害的人，這些被社會遺棄的人——以及被迫隱居的人——最終總是在極其富於理智的偽裝下，在不知不覺中，變為有教養的復仇者和毒藥的釀造者，更不用說道德憤怒的愚蠢了。

就一個哲學家而言，道德憤怒明確無誤地表明，他已沒有了哲學家的幽默感。哲學的殉難，他「為真理所作的犧牲」，暴露了隱藏在鼓動者演員內心的東西；倘使有人迄今一直以藝術家的好奇心打量哲學家，那便容易理解許多哲學家，為何危險地想要看到自己也墜落。

每一個出類拔萃的人都出於本能地尋求避難所和隱居處，以便擺脫人群，擺脫群眾，擺脫多數人——在那裡他可以忘卻「作為規則的人們」，而作為例外；只是不包括這樣的情況，即更加強烈的本能把他直接推向人群，以偉大而傑出的明辨是非者的面貌，出現在人們面前。無論是誰，在與人們交往時，若不偶爾由於噁心、厭煩、同情、沮喪和休戚相關，而痛苦得臉色一會兒發青、一會發白，那他肯定不是一個趣味高尚的人。不過倘使他並不主動挑起這個重擔，並不對自己反感，假如他執意避免出現這種情況，一意孤行，靜靜地高傲地待在避難所中，那麼有一件事便是確定無疑的：他天生不是，也注定不是有學識的料。他這樣的人有一天會不得不對自己說：「魔鬼剝奪了我的高尚情趣！」於是他會感到垂頭喪氣，特別是會進入「內心世界」。長期而認真地研究普通人——因而儘量偽裝自己，進行自我克制，表現出親熱的樣子，做不自在的交往（除了與同等的人交往外，所有交往都是不自在的交往），構成了每一位哲學家個人經歷中不可缺少的組成部分；也許是最令人不快的，最令人作嘔的、最令人掃興的一部分。不過，如果他幸運的話，他作為知識的寵兒，會遇到合適的助手，這些助手會減少和減輕他的工作，在此所針對的對象是那些所謂犬儒主義者。犬儒主義者只承認善性，只承認平庸的東西，只承認他們內心的準則；與此同時，他們超凡脫俗，敏感而易激動，喜歡當著人談論自己和與其同樣的人——他們有時沉迷於書本中，猶如在自己的糞堆上打滾一般。犬儒主義是卑賤的人藉以接近所謂誠實的唯一方法；智者當側耳傾聽犬儒主義者講的所謂好聽或難聽的話，應為粗魯之人在自己面前變得不知廉恥而暗自慶幸。有時甚至厭惡和狂喜會混合在一起——即：會看到天生的畸形兒，天才的頭腦竟附在某個不知檢點的山羊或猿人身上，加利亞尼道長就是這樣，這個在他那個時代思想最敏銳、最為深邃的人，或許也是思想最為骯髒的人——他遠比伏爾泰深邃，因而也就更加沉默寡言的多。

就像上面所暗示的，科學頭腦竟然安放到了猿人的軀體上，卑賤的人竟具有絕好的理解力，這種情況非常普遍，尤其是在品行端正的生理學家和醫生當中，更是如此。每當有人非常無知地談論人類，把人類說成是具有兩種需要的傻子時；每當有人認為或力圖認為飢餓、性慾和虛榮，是人類行為的唯一真實動機時；一句話，每當有人「詆毀」人類或說人類的壞話時，愛知識的人都應洗耳恭聽，因為，憤憤不平者和總是用自己的牙齒撕咬自己（或不斷撕咬自己，而撕咬世界、上帝或社會）的人，固然從精神上說，要比性嗜嬉戲、自滿自足的人站得高看得遠。但從其他意義上說，他卻是更為普通，是最大的撒謊者。

受害者與為害者

為害者和受害者的區別是，為害者對他的所作所為不屑一顧，而受害者卻認為為害者的行為對他來說是飛來橫禍。

當一個富人拿走了窮人的所有（例如一個地主收走了一個佃農僅有的一袋

糧食）時，窮人心中就產生了一種感覺，他認為，那富人一定是太卑劣了。連他僅有的一點東西也要拿走。但是，對於那富人來說，他根本沒有感覺到一件個別的財物所具有的價值，因為他習慣於擁有很多很多，所以他根本不可能設身處地的為那窮人著想，根本不會認為自己做了那窮人所認為的那種不公正行為。兩人相互之間有一種錯誤想法。

縱觀古今，最激怒人的強者的不公正，遠沒有它似乎應該激起的大，要做就做一個有更高要求，更高地位的高高在上者，這種代代相傳的感受，造成相當的冷漠，且使良心得到安寧。當我們和其他生物之間的區別很大時，我們甚至完全不會感覺不公正，例如，我們踩死一隻螞蟻而不會感到任何良心不安。因此，當薛西斯（波斯國王）從一個父親手裡奪走兒子，並因為這個年輕人對整個進軍作戰表示了膽怯的、令人不安的懷疑而把他剁成肉泥時，這種做法並不被看作卑劣的標誌：在這種情況下，個人就像隻令人噁心的昆蟲一樣被消滅掉，他地位太低了，不允許他繼續引起一位世界統治者的不安之感。確實，任何殘酷的人都沒有受虐待者所感覺到的那樣殘酷；對痛苦的想法也和對痛苦的承受不是一回事。這也同樣適用於不公正的法官，適用於慣以無關痛癢的假話來錯誤引導輿論的新聞記者。在所有這些情況裡，因和果都是由完全不同的思想組合和感覺組合所包圍的；而人們卻不由自主地假定為害者和受害者都有同樣的想法和感覺，且按照這種假定來評價一個人應對另一個人的痛苦所負的罪責。

「善與惡」「好與壞」

善、惡、好、壞，不同的時代，不同的人對此有不同的定義。仁者見仁，智者見智。

人們理應感謝英國心理學家所做的迄今唯一的探索道德發生史的嘗試，可惜他們並沒有就此提出任何疑問。他們本身就是一個活生生的疑點，他們甚至在寫書之前就把一些基本觀點提出來了——他們本身就很有意思！這些英國心理學家究竟要什麼？人們發現他們總是在有意或無意地做著同一件事；即把我們內心世界的羞愧部分暴露出來，且從中尋找積極的、先進的、於人類有決定作用的因素，而這正是人的理智自尊最不願意發現的部分（譬如，在習俗中，在遺忘性中，在一種盲目和偶然的觀念機制中，或者在純粹的被動性、機械性、反射性，和完全的愚鈍中）。到底是什麼東西驅使這些心理學家總是朝著這一個方向努力？難道是一種神祕的、陰險的、低級的，連他們自己都不願意承認的貶低人類的本能？或者是一種悲觀的猜忌。是對失望的、黯然失色的、業已變得憤憤不平和簡單幼稚的理想主義者的懷疑？或者是對於基督教（和柏拉圖）的一種渺小的、隱祕的、從未越過意識界限的憎恨與敵視？或者是對陌生的事物，對於令人頭痛的反論，對存在的疑問和謬誤的一種貪婪的嗜好？當然，也有可能是一種混合，其中含有少許卑劣、少許憂鬱、少許反基督教、少許快感，少許對調味品的需求？……但有人說，這不過是冷血的、乏味的老青蛙，牠們在人的周圍爬行跳躍，就好像在牠們的天地裡：在一個泥塘中一樣。其實不然，倘使允許人在不可能知情的時候表達願望，那麼我們真心地希望這些人能夠是另外一副模樣，我們希望這些精心探索和研究靈魂的人們在根本上是勇敢、高尚、自豪的動物，他們能夠知道如何抑制自己的感情和痛楚，並且訓練他們自己為真理犧牲所有的欲望——為了任何真理，甚至是為了樸素的、辛辣的、難看的、逆耳的、非基督教的、非道德的真理……因為這種真理確實存在。

那麼就向那些想支配這些史學家的好人們致敬吧！然而，遺憾的是，歷史精神自身卻與道德史學家相分離，而他們恰恰正是被歷史上的一切善良的精靈們所棄之不顧的！毋庸置疑，這些道德史學家的思維就如同陳舊的哲學家的習俗一樣，在本質上都是非歷史的。他們撰寫的道德譜系從一開始著手調查「好」的觀念和判斷的起源時便暴露出了拙劣性。他們這樣宣稱「最初，不自私的行為受到這些行為的對象們，也就是這些行為的得益者們的讚許，並且被稱之為好；後來這種讚許的起因被遺忘了，不自私的行為由於總是習慣地被當作好的來稱讚，因此也就乾脆被當作好的來感受——似乎它們自身是什麼好的一樣。」我們立刻發現：第一段引言已經包含這些英國心理學家的特異質性的全部典型特徵。我們發現了「功利」、「忘記」、「習慣」和末尾的「謬誤」等字眼，它們通通都被當作受人尊敬的依據，而至今的「上等人」以此為自豪，好像它是人類的特權一般。這種自豪應當受到羞辱，這種尊敬應當被貶值：目的達到了嗎？……這種理論是在錯誤的地方尋找和確定「好」的概念的起源：「好」的判斷不是來源於那些得益於「善行」的人！其實它是起源於那些「好人」自己，也就是說那些高貴的、有力的、上層的、高尚的人們判定他們自己和他們的行為是好的，意即他們感覺並且確定他們自己和他們的行為是上等的，用以對立於所有低下的、卑賤的、平庸的和粗俗的。從這種保持距離的狂熱中他們才取得了創造價值、並且給價值命名的權力：這和功利有何關係！功利的觀點對於維持最高等級秩序的熱情，突出等級的價值判斷的熱情表達恰恰是如此陌生和極不適宜；此刻方才出現了那種卑微的熱情的對立感覺，這種熱情以每一種工於心計的精明，以每一種功利的算計為前提——且不止一次地，不是特殊情況而是永久的。高尚和維持距離的狂熱，就是我們說過的上等的，統治藝術的那種持久的、主導的整體和基本感覺，與一種低下的藝術、一個「下人」的關係——這就是「好」和「壞」對立的起源。從這個起源出發——「好」這個詞從一開始就根本沒有必要和「不自私」的行為相關聯：那是道德譜系學家們的偏見。事實上，只是在貴族的價值判斷衰落的時候，「自私」和「不自私」的這種全面對立才越來越被強加於人的良知——用尼采的話說，這是一種群體本能，這種本能伴隨著上述的對立而最終形成一個詞（也可用多個詞）。當然，這種本能變成大眾的主宰，這種道德價值觀與那種對立緊密結合在一起，是經過很長時間的。（比如，這就與當今歐洲的情況相彷彿，現在占主導地位是把「道德」、「無私」、「公平」視為同等價值之概念的偏見，與之相伴的則是一種「固定的理念」和腦病的權威。）

其次，那種關於「善」的價值判斷起源之假設是你沒有歷史持久性的，即使對此忽略不問，這個假設在其自身中亦包含心理學上的荒謬。據稱，不自私的行為的功利被說成是該行為受到稱讚的根源，而這個根源卻被遺忘了——怎麼可能遺忘呢？也許這種行為的功利曾在某時失效？情況正好與之相反：這種功利在任何時代都是習以為常的，而且不斷地得到重新強調；因此，它不是從意識中消失了，不是被忘記了，而是越來越清晰地映現在意識中。因此，那種反對派理論倒是更為清晰合理了（那理論並不因此而更正確）。譬如，其代表人物赫伯特·史賓賽認為，「善的」概念在本質上是與「功利的」、「合乎目的的」概念相連的，因此在「好」和「壞」的判斷中人類總結並確認的那些未被遺忘和遺忘不掉的經驗。根據這種理論，「好」即是那種至今一直被證明是有益的：因此，好被看成「最高等級的有價值的」效用，被看成「自身有價值」的效用。正像我所說的，這種解釋方法也是錯誤的，但它本身至少是清晰合理的，且在心理學上還是站得住腳的。

關於我們的問題，人們完全有理由稱之為一個靜態的問題，它只是有選擇地針對少數幾個聽眾。沒有人有絲毫興趣去確定在那些表述「好」的詞彙和詞根中已經表現出的差別，而高貴者正是以此才感覺自己是上等人。當然，在大多數情況下，他們或許簡單地按照自己在權力上的優勢稱呼自己（稱為「強有力」、「主人」、「領主」），或根據最明顯的標誌稱呼自己，例如稱為「有錢人」，「占有者」這個意思取自阿瑞阿語，在伊朗語和斯拉夫語中也有類似的表達），不過這些高尚者也根據一種典型的特性稱呼他們自己：這就是我們所要探討的問題。例如，他們稱自己是真誠的人，開此先河的人是希臘貴族，其代言人是麥加詩人泰奥格尼斯。用來表達這個意思的詞：esthlos 的詞根意味著一個人只要是存在的、現實的、真切的，他就是真正的人；而後，經過一個主觀的轉變，真正就變成了真實：在這個概念變化的階段，這個詞變為貴族的流行詞，而且完完全全過渡為「貴族的」詞義，以便與泰奥格尼斯等人所認為就描述為不誠實和下等人相區分——在貴族滅落後，這個詞最終保留了下來，用來標誌精神貴族，與此同時該詞也變成熟、變甜了。在 kakos 和 deilos 這兩個詞中

（agathos 的反義詞：庶民）都強調了懦弱：這也許是一個提示，循此方向我們必須去尋找意思清楚得多的 agathos 的詞源。拉丁文中的壞（maths）字可以用來指深膚色，特別是黑頭皮的人為粗俗的人，即在雅利安人以前居住在義大利土地上的居民，他們和成為統治者的黃頭髮雅利安征服者種族最明顯的區別就是顏色；至少凱爾特語為我們提供了正好類似的情況——fin（例如 Fin-Qal 這個詞）是表示貴族的單字，最後就用來表示善者、高貴、純潔、而最初它是金黃頭髮的意思，與深膚色、黑頭髮的土著恰恰相對。順便說一句，凱爾特人是純粹的黃頭髮人種。有人錯把德國人種分布圖上的那些暗色頭髮人種聚居地段與凱爾特人的後裔和血緣聯繫在一起。其實，在這些地段居住著的是雅利安以前德國居民（在整個歐洲情況幾乎相同，從根本上說，被征服的人種最終還是占了上風。在膚色上，在思維的簡潔明快上，或許還在知識和社會的本能上。有誰贊同我們的這個觀點？現代民主，更為時髦的無政府主義者和歐洲所有社會主義者現在都一致偏好的那種最原始的社會形式「公社」，基本上不都是意味著一種陰森可怕的後果嗎？征服者和統治種族——雅利安人不也是在生理上遭到失敗了嗎？……）尼采將拉丁文字 bonus 譯為鬥士：假如我們可以將

bonus 引溯到一個更為古老的詞 duonus（請比較 bellum 和 duellum；以及 duenlum，這中間似乎保存了那個 duonus），那麼 bonus 就可以譯成與人紛爭的人，挑起爭端的人（duo），鬥士：我們看到，在古羅馬是什麼形成了一個人的「善」。我們德意志的「善」：不是應當具有「聖人」、「神聖種族」的人之含義嗎，不是應當與哥特人的民族名稱（最初是貴族的名稱）相符合嗎？在此不宜闡述這些猜測的原因。

政治優越觀念總是引起一種精神優越觀念，這一規則是沒有例外情況的（雖然存在著例外的因素）。當最高等級是教士等級的時候，這一規則表現為教士們喜歡用一種向人們提醒教士職能的稱呼來作為他們的共同標誌。譬如，那時最先產生的「純潔」與「不純潔」的概念是作為對立等級的標誌而出現的，而後產生的「好」與「壞」卻發展為沒有等級的含義。但是人們應該當心，不要一開始就把「純潔」與「不純潔」這種觀念看得過重，太廣，甚至象徵性地理解「純潔」與「不純潔」之類的概念；古人的一切概念是有我們幾乎無法想像的粗糙、淺薄、狹隘、直接、它們尤其是非象徵性的。「純潔的人」最初只是指這樣的，他洗臉洗澡，拒絕吃某種感染皮膚病的食品，不和骯髒的下層婦女睡覺的人，厭惡流血的人——僅此而已。另外，從以教士為主的貴族的全部行為可以看清楚，為什麼恰恰是在這種早期階段，價值的對立能夠以一種危險的方式內向化、尖銳化。事實上，這種價值對立最終在人與人之間挖掘了鴻溝，就連具有自由精神的阿基里斯（古希臘神話中的英雄，善於奔跑跳躍，古被稱作捷足的阿基里斯）也不能毫無畏懼地踰越這些鴻溝。某些不健康的東西從一開始就存在於這些僧侶貴族之中，存在於與支配這些不健康的東西、遠離行動的、部分為冥思苦想、部分為情感爆發的習慣之中，其結果是所有的僧侶們幾乎都不可避免地傳染上腸道疾病和神經衰弱症；然而，他們自己發明了什麼東西來醫治自身的疾病呢？——難道人們不能說這種醫療方法的最終結果已顯示比它要治癒的疾病本身還要危險百倍嗎？人類自身仍然在受著那些傳教士們的醫療方式的後果的煎熬！讓我們試想某種飲食方式（禁忌肉類），試想齋戒，節制性慾，「向沙漠」逃遁，（維爾·米切爾式的孤立，當然不包括由此產生的填詞療法和營養過剩，後者包含在醫治禁慾苦行理想的一切癔病的最有效的方法。）此外，還有傳教士們全部敵意的、懶惰的和狡詐的形而上學，他們按照印度苦行僧和婆羅門教的方式（婆羅門用玻璃球形物體和堅定的信念）進行自我催眠，最後，他們還有普遍理解的厭世情緒。（或者是對上帝的厭惡；要求與上帝結成一種神祕同盟就是佛教徒所渴求的進入空門，即涅槃——僅此而已！）對僧侶們來說，一切都變得更危險了，不僅是醫療方法和治療技巧，此外還有驕傲、復仇、敏感、放蕩、愛情、權力追逐、道德、疾病。這裡無論如何還應當加以補充；只有在這塊土地上，人才能發展成為一種有趣的動物，只存在這裡，人的精神才更高深，同時也變得凶殘了——正是這兩個原因使得人迄今為止優越於其他的動物。

卷四　瘋狂的激情

還有誰能高呼唯有太陽神與酒神及美好理想與非理性主義的激情碰撞，才能擺脫噩夢的糾纏。唯有尼采，他的瘋狂近似於有點癲狂。他是一個載歌載舞的太陽神，是一個百獸獻瑞的酒神。他的生命的衝動、意志的力量，讓無數人徹夜難眠，讓許許多多接受命運挑戰的奮鬥者徹夜不眠……

活著是值得的

活著是有意義而且是有必要的，因為如此便可以使人類繼續保存並得以延續下去。

尼采說：「不管我是以善或是以惡的眼光來看人，總覺得每個人，甚至所有的人都有一個毛病：那便是刻意傾力保存人類。」

並非出於任何對人類同胞愛的情操，而僅僅是因為在他們身上再也找不到比這本能更根深蒂固，更冷酷無情和更可征服的東西——這便是我們人類的本質。儘管我們早已習慣用一般淺顯的眼光去嚴格區別我們的鄰人是有益的或有害的，是惡還是善。但當我們靜下心來，用足夠的時間去統計與思考這個問題時，你便不會相信這種界定與區別，最後只能不了了之。即使是那些有害於社會的人，或許也會去關心保存人類（當然那些有益者更是如此）因為他要保護自己，或者用人類早已腐化衰退的刺激去影響他人。

怨恨，常會導致災害、貪婪、野心以及其他所謂邪惡的東西——屬於保護人類的不可思議的制度，一個大體說來非常愚昧的制度，但是，它還是證明了使人類得以保存至今。

親愛的朋友們，或許你們早已厭倦了現在安逸的生活方式，那就去經歷一場空前的劫難吧！不知道你們能否活到目睹那危害人類，也許使人類早在數萬年前便已滅絕而現在連上帝也無法挽救的「非常嚴重」的「難以想像」的「空前劫難」。只要你能倖存。便有可能會嘲弄某方面成為高瞻遠矚者與施捨者，人們可能會讚頌你，當然，也可能會嘲弄你（不過，那時你將很難找到一個真正有資格嘲弄你的人）。有一天，當他們恍然大悟時，他們會找回失去的良知，嚶嚶泣訴他們的不幸與羞恥，並投入真理的環抱。

或許我們會笑自己，就像那最實在的真理。因為對於真理的最高體驗及所知仍嫌不足，即便是最具天才的人也仍無法與之媲美！不過，笑聲仍是充滿希望的。當那句「人類才是最重要的，個人不算什麼！」的箴言被納入人性之中，當最後的解脫捷徑一直擺在你面前時，也許笑聲和智慧便連結在一起（也許這就是唯一的「歡悅的智慧」）。不管怎樣，那是兩回事。同時，當存在的喜劇自身尚未成為一種自覺意識時，則它依舊是屬於悲劇的、道德的和宗教的。

這些道德與宗教的創立者、竭力追求道德價值的鼓吹者和喚醒良知的導師們的新風貌究竟暗示著什麼？他們一直就是那一方面的英雄，儘管他們也關注其他方面，但由於太過於關注自己這一面，以致這些英雄之於那一面就好像一種活動的布景或機器，扮演著密友及心腹侍從的角色，隨時為那一面做服務的準備，很明顯的是，這些悲劇性的人物也會為人類的利益而努力工作，儘管他們自認為是在為上帝的利益而工作，看起來就像是上帝的使者似的。他們也會促進人類的生命，同時助長生命的信仰。

「活著是值得的，」他們都這樣宣稱，「生命中有著十分重要的東西，它們被深深隱藏著，對這些重要的東西要小心啊！」這些鼓舞的話同樣支配著最高貴者和最低賤者，也就是這個鼓舞一直激發著理性與熱情的精神、保存了人類，延續至今。這些動機既造成如此輝煌的成就，便力圖用它所有的力量使我們完全忘掉那僅僅是一個刺激、本能、愚昧和無根據的行為。

生命應該被熱愛，人應該有益於自己和鄰人，所有這些「應該」和「為了」暗示了一切，甚至將來！由於那些都是必然而沒有經過構想，不自覺地發生的行為，所以應使其成為構想而且是經由理性的最後支配——為達到這個目的，倫理學家便自告奮勇地擔當生存的策劃者，為此，他們還發明了第一個不同的存在。這樣子，新的機械便將舊的普通「存在」調離舊的普通樞紐。

那些倫理學家並不希望我們笑那存在，或者笑我們自己。對他們來說，個人總是個人，有些東西自身始終是一個無限，人類既無非是一個「整數」也非「零」。不管他們的發明與價值是多麼愚昧，多執著，以及他們是如何嚴重地誤解了自然之道並予以否定——所有的倫理制度迄今一直是如此愚昧和違反自然到很深的程度，因此，他們任何人都能毀滅人類——隨時隨地，那「英雄」都會登台，所以說，「我」活著是有價值的，所以「我」應該活下去！

理性的良知

> 一個人在大都市裡就像在沙漠裡一樣地孤獨。每個人都以奇異的眼光看著你，且用自己的尺度來評價他人的好與壞。

尼采說：「我經常會有這樣的感覺：大多數人均缺乏理性的良知，儘管我努力的去抵制它，可是並不奏效。」

「真的，我似乎常感覺到，在做此請求時，一個人在大都市裡就像在沙漠裡一樣地孤獨，每個人都以奇異的眼光看著你，且用自己的尺度來評價他人的好與壞。」

當你指責他們的評價不準確時，並沒有人會羞愧而臉紅，也沒有人會對你的不滿表示憤怒，他們對你的指責也許只是付之一笑。

說實話，大多數人並不以相信這或那並依此為生。他們不會事先去了解贊成或反對的最真實的理由，事後這些理由也並不會給他們帶來任何困擾。

善良、高雅和天才算不上什麼，倘使在一個人的信仰和判斷中，他的這些美德有絲毫的懈怠，倘使他不能堅守那份真實以此作為最內在的渴求與最迫切的需要，為此就可以區分一個人的高低！

在某些虔誠的人群中，我們時常能發現到令我們嫌惡的理由，且以此對待他們：至少他們的敗壞和知性良知會以同樣的態度背叛自己！但站在重複一致的論調和所有不可思議的、不明顯不確定的存在裡面，不去追問，不因慾念而顫慄，且欣然地接受問題而不憎嫌提問題的人——這就是尼采所認為的鄙俗不齒，也是他在每個人身上首先要找的情景。有些素養低下者或其他的人經常一再地要說服尼采，只要是人，便會有情感。然而尼采並不為他們的說服所動，我想這或許就是尼采與眾不同的地方吧。

高貴者和卑賤者

高貴者和卑賤者就如同矛與盾。一個總是表現得霸氣十足，一個表現的不甘示弱，他們總是那樣的形影不離而又爭吵不休。

於卑賤者來說，一切高貴、寬宏大量的情操都是不當的，因為最高等的與最上流的皆是不可信的。

當卑賤者聽到我這樣的言論，他們會眨眨眼，並且想說「無疑的，一個人不能看穿所有的東西還是有好處的。」

之所以他們這樣說，是因為他們嫉妒高貴的人，就好像他們經由詭祕的方法而找到利益似的。當他們都十分率直地深信沒有自私的意圖和報酬時，高貴的人被他們稱之為白痴，他們輕蔑高貴者的快樂，且嘲笑高貴者的神采飛揚。

「一個人怎麼可能甘願處於不利的地位，且樂意如此；一個睜著雙眼神智正常的人又怎麼會希望遭到不利的境況！倘若這兩種情形他們都樂意接受，必是受了高貴者的影響，理智出了問題。」卑賤者如此想，且嘴角浮現輕佻的微笑，現出輕蔑的臉色。這種喜悅就如同他們輕視從他固定的意念中得到瘋狂的喜悅一樣。

我們每個人都知道。卑賤者往往只想保持他看得見的利益，且這種觀念比最強的刺激（並非企圖不正當的行為）還強烈——那就是他的聰明和妙想。與卑賤者相比，比他稍微高等一點的便顯得更無理性——因為高貴、寬宏大量和自我犧牲的人事實上都經不起他自身的刺激，且當他處於巔峰狀況時，他的理性就會完全低落。一隻動物，牠不顧安危的去保護牠的後代，或者在交配的季節裡與異性共同面對危險與死亡，牠們毫無畏懼。此時的理性會暫時中止，因為牠將所有的喜悅都貫注到了幼兒和異性身上，於是牠便顯得比平常笨拙，就像高貴及寬宏大量的人一樣。

卑賤者輕視高貴者，尤其是當他認為高貴者的價值觀在他看來是空想而獨斷時，他總是會冒犯他們，他明白那誘惑在此扮演的是暴君的角色，但是他卻不了解，譬如說，一個沒有愛的知覺的人，怎麼會拿他的健康和榮譽做賭注下在賭局裡。

高等一點的人在致力於嘗試特殊事情、通常不影響別人的事情和看起來並不美好的事情時，他們的價值標準會和一般人不一樣。但在他這樣特殊的嘗試表現中，大部分的信仰仍和常人的價值標準沒有什麼兩樣，他還是希望他所信仰的價值標準和一般人同樣明確。這樣一來他就變成不可理解和不切實際，此類人很少有足夠的理性去了解並與平常人相處，因為對大部分高等一點的人而言，他們深信自己具有隱藏在一個人身上的「激情」，且他們對此信念極為熱衷並全力辯護。

倘若這些特殊的人並不了解自身就是特殊的，又如何去了解卑賤的人？且如何正確的去評估一般平常的人？這也是我們常認為人類愚蠢、失當和胡思亂想的地方，對世界的瘋狂充滿了驚訝，卻不明白「有一件事是必須如此的。」——這便是高貴者永遠的不正當處。

善惡的功過

所謂「善」就是能保護人類的，所謂「惡」就是不利於人類的。但事實上，「惡」的刺激所帶給人類的相當程度的適當的影響，其影響是與「善」一樣的——只是它們的作用不一樣罷了。

有兩類人迄今一直在人類的最前面：他們是最強與最壞的人。他們總是使睡著的人們再度振作起來（事實上，井然有序的社會常使人類的激情處於昏昏欲睡中）。他們一再喚醒人們要有和新的東西做比較、有冒險的反抗和熱衷於未曾嘗試的追求等等的精神，他們迫使人們提出新的看法去對抗另一個看法，提出新的理想計畫去對抗另一個理想計畫——使用權力，尤其用虔誠的侵犯，甚至用新的宗教與道德！

同樣的「弱點」也同樣展現在每個新的傳教士和導師身上——新的東西往往會使證明者聲名狼藉，雖然它會使自身顯得更精煉，且不會立即使肌肉得以運動（基於此，當不致造成聲名狼藉！）。

不管怎樣，新的東西總是渴望在克服邪惡的環境下誕生，它嘗試著去顛覆舊的界碑和舊的虔誠，「只有舊的才是最好的！」每個時代的好人都能深入到舊思想的根底，去辛勤的耕耘，以此來孕育其果實，他們是時代精神的耕耘者。但不管他們如何努力，最終的結局是每塊土地都變成乾涸，且邪惡的苗頭也會一再地光顧。

現在有一個從開始就犯了錯誤的道德理論，它十分著名，尤其是在英國，根據這個道德理論，「善」與「惡」的判斷是以它「得當」與否的累積為憑藉。

事實上，所謂「善」就是能保護人類的，所謂「惡」就是不利於人類的，但事實上，「惡」的刺激所帶給人類的相當程度的適當的影響，其影響是與「善」一樣的——只是它們的作用不一樣罷了。

力量意識

當你在幫助他人脫離困境或將自己的主張強加給人時，你便使用了你的力量。事實上，每個人都時常將自己的力量使用到他人身上，以此造成有益或有害的後果。

憑藉我們自身的好惡，我們常將自己的力量使用到他人身上，以此造成有益或有害的後果。

就所造成的害處來說，我們必須使我們的力量感覺到對方所造成的損害，因為痛苦更能讓人深切感受到，痛苦總是要追究它的起因。相反，快樂則企圖只保持現狀而從不往後看。

就所造成的益處來說。便要善加對待那些隨時準備依賴我們的人（因為那些人已習慣於將我們想作他們存在的理由），我們要想方設法增強他們的力量，如此一來，便也增強了我們自己的力量。這樣，他們會更安於現狀，且對我們的力量之敵懷有更深的敵意，且隨時準備與之爭鬥。

無論我們是為行善或行惡而犧牲，我們行為的基本價值是不會改變的，甚至即便是為了正當的理由而拿我們的生命做賭注，有如殉道者為了教會。對我們所渴望的力量或為了保護我們的力量而言，它確是一種犧牲。處在這種情況下的人會覺得他「獲得了真理」，而為永久的保存這種感覺，他是如此地不讓許多的「獲得」溜掉！他之所以沒有將之拋棄，旨在為使他保持「高高在上」的地位——意即在那些「缺乏真理」的人之上！當我們在作惡時是不可能有歡樂可言的，通常純粹意義的歡樂只有在行善時才能體會得到——那是我們仍然缺乏力量的表現，或者是因為我們這個缺陷，它才背叛了壞脾氣。它為自己，也為我們已有的力量帶來了危險和不穩定。而且，輕蔑、報復、懲罰和挫敗的氣氛蒙蔽了我們的心智，使得我們的視界變得陰沉、凝重。事實上，也只有那些對力量意識最為懷疑，並對它渴望的人才喜歡在反抗的個人身上蓋上力量的印戳。

一個人是怎樣習慣於適應自己的生活?這和嘗試有關，即也許他比較喜歡慢慢地適應，也許比較喜歡很快地適應。他往往要根據自己的性情才能找到這種或那種不適應的習慣。一件不費力氣便能獲得的戰利品對高傲的人來說根本不值一提。對高傲者來說，只有那些精神沒有崩潰的人才有可能是他們的勁敵。因此，只有在遇上相當棘手的對手，他們才會為受害受難者全力以赴，儘管這些人並不值得他們如此的為之去拚鬥，不過，他們可能藉此機會向與他們旗鼓相當者表現出自己的殷勤和高尚。對他們來說，只要能獲得表現的機會，爭搶與奮鬥在任何情形之下都是願意並認為是榮耀的。

我們能感受到，將來這些具有騎士身分的人會使自己習慣於在他人面前表現得非常謙恭有禮，以此來表現自身的高尚與風度。而對於那些本身並不高傲也從沒試想去征服什麼的人來說，同情便是一種很愉快的感受；而輕易得來的戰利品——對他們來說也算得上是一件很誘人的東西。

愛的定義

尼采對愛與同情持否定態度，這最典型地展現在他對女人的態度上。他向來對女人頗多有微詞。他把女人當作劣者和弱者來鄙棄的。因而他對愛的定義僅僅定義為占有。

對愛情和財富的欲望，這兩者有什麼不同的關聯呢？或許它們只是同一個刺激的兩個名稱。一種情況是，從不滿和渴望，並因此美化為「善」的觀點來觀察。另一種情況是，從他們先入為主的觀點予以詆蟣。我們對鄰人表現出的愛，是不是刻意追求一種新的「財產」？相同的，我們對真理的愛，對知識的愛，對陌生的人，以及一切對於新奇的追求都算不算？

擁有的東西就不再值得留戀，我們已逐漸厭倦於老舊與安穩地擁有的東西，在欲望的驅使下，我們再度伸出雙手。這樣的情形普遍存在。即便是身居風景宜人的地方，只要我們住上幾個月便能越發覺得不再那麼喜愛了，而任何十分遼闊的海岸或是戈壁，沙灘都能引起我們的貪念和妄想。先前所擁有的東西大都因為擁有而變得微不足道，不值一提了。我們的快樂試圖經過不斷地在我們身上變新而維持其永久的快樂。

當我們對擁有的東西產生厭倦時，我們對自己也產生了厭倦（在我們擁有太多東西的時候便會感到痛苦）。只要見到他人有了困難，我們便會欣然利用一切機會去幫助他們而不圖什麼回報，一個仁慈或稍有同情心的人都會這樣做，而他依然會將催促他去獲取新的東西的慾念稱作「愛」，且樂此不疲。（好像新的獲得物證明了他自身的價值）。

異性之間的愛很明顯地出賣了它自己，一如拚命追求「獨占」。情人都是希望絕對且單獨地擁有他所追求的對象。他企求絕對地控制他的靈魂和身體，他只願意單獨地被愛，並且統御及駐留在另外一個靈魂裡。當她認為這樣著實意味著整個世界都被排除於他所心愛的一切之外；當她認為這個情人已看到其他情敵的貧乏困窮，卻只想守住他的金庫，像是所有的「征服者」之中最為輕率與自私的；當她最後認為，對這個愛人來說，這個世界不但顯得冷淡、蒼白和沒有意義，且他已準備不顧一切要擾亂所有的秩序，並置別人的利益於不顧時，他非常驚訝於這種對財產的殘酷欲望以及不正當的性愛，一直是被「美化與神聖化」到這種程度。是的，自我本位相反的概念，應該以這個愛為起源，在自我本位最不適合的表示時，更應該這樣。

這裡，很明顯，渴望擁有的人和一無所有的人已經限定了語言的用法。那些受「擁有許多且太多」之恩賜的人，如那最可愛與最被愛的所有雅典人，的確是常將「狂暴的魔鬼」這個名詞漏掉一個字。不過，希臘愛神厄洛斯總是笑這些斥責的人——他們向來是他最寵愛的。當然，在地球上到處都有一種愛的趨向，在這種趨向中，兩個人相互間的貪求便導致屈服於一個新的欲望和貪念；而在一般人中，高等一點的人便嚮往有一個優勢的立足點以跨在他人之上。總之，愛情的定義就是占有。

人與人之間的隔板

每個人都有一些不為人知，也不願被人知道的祕密。因此，在你和他人交往，尤其在和羞於表達自己感受的人交往時，務必要學會掩飾、裝糊塗。因為在此類人面前，任何的體貼、熱心都會令對方吃驚、並對你感到厭惡，進而處處防範你，因為他們認為你已看穿了他們心中隱藏的祕密。

在和羞於表達自己感受的人們交往時，務必要會掩飾，裝糊塗。任何突然變得很體貼、很熱心與很興奮的人都會令他們吃驚並感到厭惡，因為他們認為你已看穿了他們的祕密。假使在這個時刻，一個人表示他的善意，最好是設法讓對方笑，或說些風趣或無傷大雅的話，這樣，他們的感受便能凝聚，且恢復平靜。不過，在你按我說的去做之前，我有必要先給你們一個提示——

在我們的日常生活中，大家彼此之間曾是如此地親密。似乎再也沒有什麼能阻撓我們的友情和同胞的愛，除了僅有的一塊小小的木板橫隔在我們之間。在你意欲踏上這塊木板的時候，我問你：「你要越過這塊木板來到我這裡嗎？」這樣一問，那麼你就不想過來了，儘管我再三請求，而你還是默然不動。這樣一來，高山大河，以及能阻隔與疏離的一切障礙便都介入到我們中間，縱使我們想要再相互來往便也沒有辦法了。

不管怎樣，現在當你想起這塊小木塊的時候，除了訝異和啜泣，便只剩黯然神傷和無話可說了。

無私的先生

> 教育總是用一連串的利誘去鑄造一個人的思想，以此來指導他的行動，並日久天長反覆教導，最終形成一種模式。一旦當這種模式在某類人身上變成了一種習慣時，便徹底地控制了這個人。

之所以將一個人的美德稱為「善」，並不是那德行對其自身有什麼好處，相反是因為那德行如我們所期許，並對我們及整個社會有好處。

當我們近似於有點媚態的讚美那些美德時，每個人多少要有一點不自私及「非自我本位」的心態！因為倘若不是如此，那些美德（如：純潔、勤奮、忠實、同情、公正等）對具有它的人早就造成不小的傷害，就如同在他身上一些太過強烈的刺激不能和其他理性的刺激相協調一樣。

假如你有一種美德，一種完美而積極的美德，而對這項美德並非只有一種刺激在針對它，這樣一來，你便會成為這項美德的犧牲品！當然，無論如何，別人還是會讚揚你的美德。一個勤奮的人儘管會因為他的勤奮而損害到他的見地或精神上的清新與創意，但是，他依然會受到褒獎。

年輕人對他份內的工作「盡心盡力，盡職盡責」是可敬，可佩的，同時也是可惜的，因為他不知道，「對個人來說，固然是死不足惜。但對整個社會來說，卻是一個極大的損失！對此種犧牲我們當然感到惋惜！而更大的惋惜是，還有人持另一種想法，即認為他自身的保證與發展比他服務社會的工作還重要！」我們之所以惋惜這類青年，並非因他本身的緣故，而惋惜他是一個奉獻的「工具」，沒想到自己所謂的這個「好人」，因他的死而使社會蒙受損失。或許我們會緊跟著想到另一個問題，即假如一個人在工作時對自己多照顧一點，使自己能生存得久一點，是否對社會的利益比較大呢？——事實上，我們時常會很輕易地承認某個利益，但我們也尊重別人的利益，換句話說，既然有犧牲的造成，那麼就很明顯地證明了人類是具有犧牲精神的。這樣看來，從一方面來講，當一種美德被稱讚時，我們是在稱讚那美德中有裨益的性質；從另一方面來說，在各種美德中的盲目與控制的刺激不願被局限在個人一般利益的界限內，簡單來說，我們所稱讚的是美德的非理性部分，基於這個非理性，個人才允許自己化成「整體中的一個機能」。稱讚美德便是稱讚對個人私下的傷害，也是稱讚剝奪個人最高貴的自我情操與細心照顧自己的權力的刺激。

美德對個人的影響已昭然若揭，這也表明了美德和個人利益之間是有著密切的關係——事實也有此關聯！一種工具的典型美德，例如盲目地一味勤奮，表明了致富與榮耀之道，亦產生沉悶和情欲的有利解藥，但我們卻漠視它的危險，一個非常大的危險，教育始終用一連串的利誘去鑄造個人的思想與行為或某種模式，當這種模式變成一種習慣，刺激及情欲時，它便控制了這個人，使他處於和自己的基本利益相對的立場，只是「為了大家好」。我們時常能看到盲目地一味勤奮的確能創造財富和榮耀，然而，其它許多高雅的器官也同時被這能創造財富和榮耀的美德給剝奪了。所以那才是抗拒沉悶和情欲的主要權宜之計，同時使感覺遲鈍，使執拗的精神接受新的刺激！（在所有時代中最為忙碌的我們這個時代裡，除了更多的財富和更加的勤奮之外，我們根本不知道該怎樣從這偉大的勤奮和財富之中去製造一切：甚至我們需要更高的天才去拋棄財富甚於獲得它——如此，我們才能「綿延後代」！）倘使這種教育成功的話，那麼個人的每項美德便都成了「公用設施」，且個人的不利也將干涉他的最高目的。也許某些心理分析美學會阻礙成長，或者甚至導致早死。以同樣的觀點看，我們可以想到其他服從、純潔、公正、同情等美德皆如此。

假使我們去稱讚一個有自我犧牲和無私之美德的人——他將不會耗費他的所有精力與理智去謀求個人權力的保持、發展、提升及擴張，而自覺活得謙虛、冷淡——這個稱讚絕對不是來自無私的精神！「鄰人」倘若稱讚無私，那是因為他們能「從中獲得利益」！假使這些鄰人是「無私的」，就會拒絕去破壞他的權力，傷害他的利益，他們一定會阻止這種自私的出發點，更為重要一點的是他們會以「不濫加善名」來表明他們的無私！在此，有必要指出那個目前高高在上的道德概念一個基本上的矛盾：此類道德的動機與它的原則剛好背道而馳！道德既想以此來證明它自己，卻又以道德的批判來反駁它！

「你當捨棄自己，並將自己當作犧牲品一樣地奉獻出來。」這句箴言，為了不與其自身的道德概念相矛盾，便應該，也只能由自己捨棄本身利益的人來宣告，而那個人也許在做個人自我犧牲的要求中便導致他自身的崩潰。

不管怎樣，一旦當「鄰人」為了其「公用利益」而讚許利他主義時，那麼與之相反的主張「你應追求自己的利益即使犧牲別人亦在所不惜」就會在第一時間內被提出來應用。如此說來，「你應該」和「你不應該」其實都是出自同一口吻的說教。

靈魂的折磨

在基督教一統天下的西方世界，尼采發現基督教約束了人性，腐蝕了人心，因此，他對基督教進行了無情的批判，斥之為「最要命，最蠱惑人心的謊言」，他這樣做，無疑需要非凡的勇氣，因為這樣做在中世紀意味著上火刑架，即便在相對更開明的十九世紀也會為千夫所指，從這個角度看，尼采不失為我們這個時代的英雄，因為他為了自己的理想和信仰付出了很多很多：包括幸福、安寧甚至於自己的生命。

今天，倘使一個人折磨另一個人的肉體，他便會遭到全世界人一致的大聲譴責，人們對於這種折磨別人的人發自內心地感到憤慨；我們覺得，只要想一想可能加諸於一個人或一種動物的折磨便會痛恨它，而倘使我們得知某時某地發生這麼樣一種折磨，我們的心靈便會經受一場可怕的痛苦。然而，對於靈魂的折磨及其可怕性，我們卻遠遠沒有達到如此明確和一致的認識。基督教曾經極為廣泛地使用這種折磨，且還在繼續使用這種折磨；每當遇到尚未遭此厄運的人，便會毫不隱諱地抱怨人心的冷漠和不古——這一切都造成了一種結果；時至今日，人類對於精神上的火刑，折磨和刑具抱有一種可怕的沉默和默許的態度，正如人們先前對於人和動物所遭受的肉體痛苦的態度。

倘使說，先前地獄只是一個沒有任何意義的詞，那麼，現在它已不再僅僅是個詞：在這個詞的背後，有新創造出來的對於地獄的真正恐懼，還有與這種恐懼相對應的新型的憐憫，這是種令人厭煩的、令人感到沉重的、可怕的憐憫，先前時代的人們是不知道這種憐憫的。

當偉大的布道牧師滔滔不絕地把個人的所有深藏的痛苦和「私人」的不幸都公諸於眾時；當某個像一個即將死亡的人對另一個即將死亡的人講話，時而捶胸頓足，時而號啕大哭，既感情衝動又毫不害臊，聲音急促而尖厲，毫不留情地向某些聽眾發洩他的仇恨和憤怒，且以一種可怕的方式把他開除群體之外時，此時的大地確已離「眼淚谷」不遠了！

現在所有人看上去都像是某種瘋狂的受害者；許多人因恐懼而不知所措；其他人的大腦一片空白，一動不動；有些人不停發抖或者發出長時間的刺耳的聲音。隨處都可以聽到長長的呼吸聲，就像是一些快要窒息的人在大口大口地喘氣。確實，其中講道的一位目擊者說，「聽到的幾乎全都是這些痛不欲生者的聲音。」——我們應當牢記，正是基督教使人類的安息之床變成了被人們聽到的可怕的聲音，無數見證者的感官和血液都受到了毒害，給他們以後的生活和他們的後代蒙上了陰影！

請試想一下，一個人，他與世無爭，但他聽到了下面的話：「啊，永生！讓我永生吧；我情願沒有靈魂！我情願沒有來過這個世界！我被打入地獄，打入了地獄，永遠地打入地獄！從此，他們便再也無法忘掉它們。一個星期前也許你還能幫助我，但是現在一切都結束了。現在我是魔鬼的僕從。我和他一起走向地獄。哭泣吧，落淚吧，可憐的石頭的心！你不會哭泣？除了哭泣和落淚，石頭之心還能做什麼呢？我走向地獄。然而你卻可以得到拯救！」

追求出人頭地

「出人頭地」曾一度被人們當作激勵自己的座右銘，現階段仍有很多人如此要求自己，只是將這一稱呼稍有掩飾，美其名曰叫「自我實現」。「自我實現」也好，「出人頭地」也罷，此類行為的最終目的便是刻意或自然地占據高位，進而達到控制他人的目的，只是這一目的沒人願意承認，僅此而已。

由於自身想要出人頭地，故而我們對他人的一舉一動都會特別關心，恨不得能藏在他們心裡把他們的感覺看個究竟。然而，由渴望出人頭地而產生的這種對於別人的感覺的過分關心，無論如何也不能說是與人為善的、情同手足的或慈悲為懷的。相反，我們希望看到或發現，別人怎樣因為我們的原因而經受著外在的或內在的痛苦；怎樣失去了對於他自己的控制，在我們的地位甚至僅僅是我們的外觀對他所產生的印象面前俯首稱臣。即使追求出人頭地的人造成和希望造成的是一種人令人愉快的，賞心悅目的或喜氣洋洋的印象，使他享受到成功的喜悅的，也並不是給別人帶來的歡樂，愉快或希望，而是因為他在這些其他靈魂上打下自己的印記，改變了他們的面貌，並按照自己心愛的意志對他們進行統治。

追求出人頭地就是追求控制別人，雖然這是一種非常間接的控制，只存在於感覺甚至幻覺中。此種暗中豢養的控制經歷了各種各樣的發展階段，所有的都加在一起幾乎就是一部文化的歷史，從最早的尚未開化的蠻風陋習直到過分講究和病態的唯心主義的別出心裁。

對於出人頭地給他人帶來的往往是：首先是痛苦，往上是消沉，再往上是恐怖，再往上是震驚，再往上是驚奇，再往上是羨慕，再往上是讚美，再往上是神化，再往上是快樂，再往上是笑聲，再往上是諷刺，再往上是挖苦，再往上是嘲弄，再往上是進行打擊，再往上是施加折磨——在這架長長的梯子的盡頭，站著苦行者與犧牲者，他由於追求出人頭地而忍受痛苦，正如他那站在梯子的另一端的野蠻人兄弟，他們為了出人頭地而給別人帶來痛苦。

苦行者戰勝了自我，便將目光轉向內部，看到自己分裂為一個受苦者和一個旁觀者；當他觀看外部世界時，似乎只是在為焚燒自己的柴堆而搜尋木柴；

在這幕渴望出人頭地的最後的悲劇中，唯一的角色點燃和焚化了他自己——這是一個值得欣賞的和與開局遙相呼應的結局；兩者都表達了面對痛苦景象的一種無法形容的快樂！確實，在想像中最強烈地表達了權力感的迷信的苦行者的靈魂，也許是這個世界上最快樂的靈魂。

毫無疑問，在內心體驗的廣大世界中，我們只是一些在黑暗中摸索的笨拙的新手：幾千年前的人們對於那種自我享樂的技巧比我們知道得更多。或許就在那時，一些印度幻想家開始把世界的創造想像為上帝加諸自己的一種苦行行為！或許這位上帝希望放逐自己一個醉生夢死和方生方死的世界，把它當作一種刑具帶在自己身上，從而雙倍地感覺他的權力和祝福！此外，我們還可以認為，他是一位愛的上帝：他創造了痛苦的人類，為的是使自己不斷地因為看到人類受苦而受苦，神聖地和超越人類地受苦，並因此毫不留情地虐待他自己！這使人感受到了極大的快樂！我們甚至可以這樣認為，他不僅只是一個愛的上帝，而且還是一個神聖的和天真的上帝：當他創造出罪、罪人和永恆的懲罰，看到一個充滿了永恆的痛苦，永恆的嘆息和呻吟的巨大世界展現在他面前，這位高尚的苦行者必定是多麼欣喜若狂啊！——對於但丁、達爾文之類的人來說，一度窺見這樣一種濫用權力的可怕祕密並不是完全不可能的——想起他們，我不禁要問：出人頭地追逐的圓圈真的在苦行者那裡永遠結束了嗎？難道這一循環就不會重新再來一遍，把苦行者那套作風與一位憐憫的上帝的基本性情緊密結合起來，換句話說就是透過傷害別人而傷害自己，以便戰勝自己和自己的憐憫，登上權力感的頂峰，達到出人頭地的目的。每當想到權力欲在精神世界的胡作非為可能給人類帶來的全部後果，我的心便難以安寧。

不再想到自己

尼采認為：有同情心的人是可悲的，因為同情心會使你不再想到自己。他認為人們將有同情心稱為善，把無同情心稱為惡，這只不過是一種道德時尚，有它自己的流行期，且是相當漫長的流行期一樣。他堅決反對人需要同情心的觀點，鼓吹不要有同情心。

讓我們靜下心來好好想想：為什麼看到有人落水，我們自己也會跟著躍入水中，即使我們和落水者毫無關係，你還這樣做？因為同情，在事發時的瞬間，我們想到的只是他人的生命，僅此而以——沒有頭腦的人如是說；為什麼看到某人流血，我們自己也會和他一樣覺得很痛苦和難受，甚至你和他是仇敵？因為同情，那一瞬間我們想到的不是我們自己——那沒有頭腦的人如是說。

事實上，在同情的情感中，也就是我們通常錯誤地稱之為同情的情感中，我們當然不是在有意識地想到我們自己，但我們卻是非常強烈地在無意識地想到自己。這就如我們腳下一滑，我們的意識不會馬上意識到這一點，然後我們的身體卻做出了最明確的反向運動，且在這樣做時毫不猶豫地使用了我們全部的理性能力。

降臨到別人身上的不幸使我們感到難受：這或者是因為，它將使我們意識到自己的軟弱或怯懦——假如我們不去幫助不幸者的話；或者是因為事情本身就是對於我們在其他人眼裡或我們自己眼中的形象的損害，或者是因為，其他人的不幸和苦難構成了我們所面臨的某些危險的一個標誌；而僅僅作為人類共有的軟弱性和脆弱性的一個標誌，它會使我們產生一種痛苦的情緒。我們希望反抗這種痛苦和攻擊，透過同情對它進行報復。其中可能包含有某種復仇的成分。我們最終念念不忘的還是我們自己，這一點可以從下面的事實看出來。

面對其他人的痛苦、死亡和哀怨，在我們能夠避免他們痛苦、毀滅和哀怨的情況下，如果我們可以以更有力者和幫助者的形象出現，如果我們不擔心沒有讚揚，如果我們希望用其他人的痛苦來渲染我們自己的幸運，如果我們希望痛苦的景象能減輕我們的煩惱，我們就會決定讓他們痛苦、毀滅和發出哀怨而不去避免。把我們面對痛苦場面可能經受的各種非常不同的痛苦稱為同情是錯誤的，因為此種痛苦在任何情況下都是與我們眼前的痛苦者無關的一種痛苦。我們感到的是我們自己的痛苦，正如他感到的是他自己的痛苦。

當我們有同情的行為時，我們擺脫的只是我們自己的痛苦。

然而，只要我們做出了任何這類行動，我們的動機就不會是單一的；我們希望透過這種行動擺脫我們的痛苦，這是毫無疑問的，但是我們還希望透過這種行動表達我們的某種快樂衝動，這也同樣是毫無疑問的——我們因為看到與我們的處境的一種對比而快樂；因為想到只要我們願意幫助就能夠幫助他人而快樂；因為我們的幫助可能給我們帶來讚揚和承認而快樂；因為行動本身作為某種成功地一點點地取得的東西給行動者帶來的快樂而快樂，但特別是因為覺得我們的行動消除了我們為之憤慨的某種非正義而快樂。所有這些，以及其他一些更為微妙的心理活動，一起構成了所謂「同情」：語言，用它的一個詞就打發了一個包含有如此多不同聲音的存在，這是多麼輕率！另一方面，同情被看作與引起同情的痛苦是一回事，或者認為同情對於這種痛苦具有一種特別微妙的深入的理解，這兩個命題與經驗是矛盾的，那些因為這兩種性質而為同情大膽唱讚歌的人只能說明他們在這一根本的道德領域缺乏適當的經驗。

無視同情心者到底與有同情心有什麼不同？首先聲明，這裡也只是提供了一個大概輪廓——他們缺少對於恐懼的活躍的想像力，缺少嗅出危險的奇妙能力；他們的虛榮心也不如我們那樣強，倘使某些原本他們能避免的事情發生了，他們也不會如同我們般容易受到傷害。（他們雖然驕傲，但是仍然小心謹慎，不願無謂地捲進他人的事務。）此外，他們比有同情心者更習慣於忍受痛苦；而由於他們自己受過痛苦，所以在他們看來，其他人受點苦也不算什麼了不起的事。最後，他們發現，一副菩薩心腸對於他們來說是一種痛苦，正如保持斯多噶式的冷漠對於有同情心者是一種痛苦；對於那種心態，他避之不及，認為它們會威脅他們的男人氣概和英雄的冷漠——他們不想讓別人看到他們的眼淚，擦掉它們，且對自己感到憤怒。他們是一種與有同情心不同的利己者——在一種特別的意義上把他們稱為惡，而把有同情心者稱為善，這只不過是一種道德時尚，這種時尚有它自己的流行期，正如相反的時尚也有它自己的流行期，並且是相當漫長的流行期一樣！

模仿他人

尼采是瘋狂的，他的瘋狂展現在以公眾為敵。尼采是特立獨行的，他是徹底的自我中心主義者，他鄙視模仿他人的做法，他認為那是卑下者、懦弱者的作風，本文中，尼采認為理解能力強的人，其偽裝的能力也同樣強，且此種偽裝大抵發生在社會地位低下的人，這和他藐視貧苦大眾的觀點相吻合。

所謂理解他人，就是在我們心中模仿別人的情感。為達此目的，毫無疑問，我們會經常追問他人的情感的原因。例如追問，他何以憂傷，以便我們自己也因為這一原因而變得憂傷。但是更為常見的情況是，我們不是追問他人的情感的原因，而是關注他人情感的結果，關注此種情感的結果是如何在他人身上表現和展示的，並進而去模仿他人的眼神、聲音、步態、舉止（甚或它們的文字，圖畫和音樂中的寫照），透過一種人們在動作與感覺之間建立起來的古老的雙向聯繫，在我們的心中重新產生他人的情感。在此種理解他人情感的技藝方面，我們已經達到了爐火純青的程度；不管在什麼地方，什麼時間，只要我們遇到另一個人，我們就會不由自主地模仿和反映著她所感覺到的周圍的人的表情活動，時而閃光，時而顫動。相比之下，最能說明問題的還是音樂，在音樂中，我們每個人都是迅速地領悟情感的大師。音樂只是情感的模仿，情感在音樂中變得遙遠而不確定，但是，僅僅由於我們在音樂中聽到了某種聲音和旋律，此種聲音和旋律使我們想起了悲傷者的聲音和動作，或者只是習俗性的悲傷者的聲音和動作，我們常常充分地分享了這種情感，以至於我們毫無來由地悲傷起來，就像個傻瓜。

有這樣一個故事，據說有一個丹麥國王，他因一個歌者的音樂沉浸在戰鬥的激情中，從他的寶座上一躍而起，殺死了聚集在他宮裡的人群中的五個人。實際的情況是，當時並沒有戰爭，也沒有敵人，相反一切都很和諧，可見，由情感推及原因的力量是多麼地強大，以至於觀察和理智都失去了作用。使我們的觀察和理智失去作用，這正是音樂的效果；不管是什麼音樂，只要它能夠產生效果，這效果便具有此功效。

實際上，用不著舉例如此血腥的例子，我們也可以認識到：音樂使我們陷入的那種情感狀態幾乎永遠與我們眼前的實際情況的印象與了解這種實際情況及其原因的理智相矛盾。

如果我們靜下心來問自己，我們為什麼會在模仿別人的情感方面變得如此熟練，答案只有一個：人，作為所有造物中最怯懦的造物，由於他那細膩而脆弱的天性，他的怯懦便成了老師，教他如何跟別人發生同感，如何迅速領悟到動物的情感。在成千上萬年的漫長的時間裡，他在一切陌生的活躍的事物中都看到了一種危險：一看到這些事物，他立即就在心裡對它們的面貌和姿勢構成了一個印象，認定在這面貌和姿勢的背後隱藏著凶殘的意圖。他甚至還把這種做法搬到了沒有生命的自然界，陷入了一種萬物有靈的幻覺，認為不存在什麼沒有生命的東西：尼采堅信我們在欣賞天空、草地、岩石、森林、海洋、風景和春天時所感到的一切，也是我們稱之為自然情感的一切，其源頭都出於此——若不是在遠古的時代，人們受到了恐懼的訓練，形成了一種在所有這一切背後看出一種額外的隱蔽的意義的習慣，我們現在也無法對自然產生一種快感。就像假使沒有恐懼對於我們的理解和訓練，我們就不會對於人和動物產生快感。因此，快感、驚喜感以及滑稽感都是恐懼的晚生子，同感的小弟小妹。

迅速理解的能力就是迅速偽裝的能力，對這種能力，驕傲自負的人和民族不甚擅長，因為他們不那麼恐懼；相反，在怯懦的民族中間，每一種理解和自我偽裝都如魚得水，找到了它自己的故鄉；這裡也是模仿藝術和高級才智的溫床。

也許，對於人類來說，不可理解的垃圾就是最有味道的東西！當一個明智的人聽命於他的精神的隱祕的願望時，他是多麼像一個瘋子！

囚犯和病人

尼采對待犯人和對待病人的態度沒什麼本質上的區別，人的生命在他的眼裡有和無沒有什麼區別，他只是極力主張，對社會有益的人便應該盡力保護，倘若對社會有害無益的人，他又極力主張讓他們自尋了斷。

我們可能從未想過要對犯罪的生理原因進行深入思索，然而，我們必須認識到：只要我們相信，通常的道德思想方式就是精神健康的思想方式，我們便不能不承認，在罪犯和精神病患者之間並沒有什麼本質的區別；由於我們對此種信仰至今仍堅信不疑，因此，我們沒有任何理由不接受從它引出的結論並把罪犯當作精神上有毛病的人來看待，但卻當然不是為了令人反感地表現自己的憐憫和仁慈，而是出於醫生的謹慎考慮和良好的願望。或許他需要的是換換空氣，換換同伴或暫時休息一段時間；也許他需要一個人待著或換個新的職業；也許他自己發現，一段時間的監禁生活對他來說並非沒有好處，使其能夠不受自己以及某種令他頭痛的蠻橫衝動的危害——無論什麼東西，只要有益於他的健康，我們都應該毫不吝惜地提供給他！我們應該把痊癒恢復的可能性及其手段清楚地擺在他的面前；以這種極端的甚至有點喪失人性的治療的不可能性擺在他的面前；假使情況不妙，我們應該把治療的不可能性擺在他的面前；對於那些無藥可救的罪犯，我們應該毫不留情的給他們提供自殺的機會。以這種極端的甚至有點喪失人性的治療措施為背景，我們不應該放棄任何能幫助犯罪者恢復心靈自由和勇氣的機會；我們應該從他們的心靈中去掉悔恨，就像是去掉某種不乾淨的東西，向他們表明，他們如何可以透過幫助另一個甚至幫助整個集體而彌補他們對也許只是某個單個人所犯下的過失，以至於他們不僅補償了他們以前的過失而且做得更多。在這樣做的過程中，我們應該自始至終設身處地的替他們考慮，尤其是允許他們改名換姓或是隱姓埋名，或者是不斷更換住所地，以此來幫助他們的名聲和未來生活盡可能不受影響。

毫無疑問，在當前情形下，每一個受到傷害的人，不管這種傷害如何能得到彌補，都依然渴望施行報復並為此上訴法庭，法庭則像一位手執天平的夥計，一成不變地按照它那傷天害理的法律條文在等量罪惡的另一端放上等量的懲罰；我們難道就無法超越這種報復？倘使我們將我們的古老的復仇本能，連同我們對於罪的信仰一同拋到九霄雲外，甚至認為像基督教那樣祝福自己的敵人和幫助那些冒犯過自己的人乃是一種明智之舉，可以增進人類的幸福，那麼，人類的生活將會一下子變得何等輕鬆！讓「罪」這一觀念見鬼去吧！讓「懲罰觀念」也跟著它一道見鬼去吧！此後，這些失勢的魔鬼將不再生活在人們中間；他們也許仍然生活在其他什麼地方，假使他們仍然希望繼續活下去和沒有因為對於他們自己的厭惡而死去的話！——另一方面，請想想，犯罪者給社會和個人造成的損失與病人給社會和個人造成的損失完全是同一類損失；病人散布憂慮和惡劣情緒，什麼都不生產，只消耗他人生產的東西，需要照料和娛樂，浪費健康人的時間。然而，倘使今天有誰因為這樣而去報復病人，我們便會嚴辭指責他沒有人性。但是，在較早的時代，我們不能否認，人們都是這樣做的；在原始文化中，甚至在今天，在某些未開化的民族中，病人的地位和罪犯沒什麼兩樣。換句話說，病人被當作是對群體的一種威脅和某種凶神惡煞的寄身之所，此種凶神惡煞由於他所犯的某種罪行而得以進入他的身體！這裡的法律是：每一個病人都是一個罪人！那麼，我們呢？我們是否以足夠成熟，是否能採取與他們完全相反的觀點呢？難道我們不能不說，每一個「罪人」都是一個病人？——不，不可以，這樣的時刻還沒有到來。我們缺少精明的醫生，只有在這種醫生的手中，迄今為止一直被稱為實踐道德的東西才能轉變成為他們的治療科學和技術的一個組成部分；我們普遍缺乏對於某些事物的強烈興趣，這些事物或許在某一天會以一種較之早時代宗教癲狂的「振聾發聵」相差不遠的方式出現在我們身邊；教會還不具有改善人類健康狀況的能力；無論在小學還是中學都沒有開設身體健康和飲食方面的課程；發誓不再使用法庭和懲罰刑法的還沒有聯合起來；迄今為止還沒有誰敢按照社會或個人承受寄生者的數量多少評價它們，同樣，沒有哪個國家的締造者以一種符合箴言的慷慨大度和心地仁厚的精神、揮動他的犁尖：「你要是想開闢土地，那就使用你的犁吧！這樣，萬物都將為你歡呼。」

內心的衝動

一個人在一段時間內的默默無聞並不能代表他一生都將是無名小卒，好比一個暴發戶，他先前可能一貧如洗，說不準哪一天突然中了頭獎，便也能脫貧致富。再舉個實際點的例子，中國的文豪魯迅先生不就是如此嗎？在他棄醫從文後不是成了中國文壇的泰斗嗎？

人性其實在其早期就擁有了很多東西，只是由於剛處萌芽的初期，尚很微弱，以致它並未注意到已具有那些東西，而那些東西在經過一個漫長的時日後突然很明顯地顯現出來，也許是數世紀罷——就是這段時間，使得那些東西變得強壯而成熟。

對一些人而言，在某個時期，似乎會整個缺乏這個或那個天賦，這個或那個德行；不過讓我們耐心地等待罷，若是我們有時間等，就當是為了我們的子孫後代——總有一天，他們會將先人們自身尚不知曉的內在本性表白在世人面前。當然，也時常會有兒子背叛父親的，這樣在他有了兒子之後，則最好不要太早了解他自己。

在我們的內心都隱藏著整個花園和耕地，用另一個比喻來說，我們都是活火山，終會有爆發的時刻——至於什麼時候，當然沒有人知道，甚至連他們的上帝也無法預測。

美德是靈魂的健康

一個人的外表美並不重要，重要的是內心美，即便是心靈美的人才真正的美，那種美是一種美德。

有一種著名的醫學道德信條說：「美德即是靈魂的健康。」真要仔細推敲，或許我們應該將它改為：「你的美德即是你的靈魂的健康。」為什麼這樣說呢？因為事實上沒有一樣東西本身是健康的，故而，想要以這種方式來界定一切的努力最後均遭到了失敗。進一步來說，你必須知道自己的目標、能力、動機、以及心靈中各種奇妙的幻想，便能了解自己的身體究竟有多健康。

我們擁有各種不同形式的健康，有些人喜好出風頭，喜歡表現自己，有些人不了解「人類平等」的精義，更有許多人則根本就對真正的健康一無所知。所以，現在我們當一改過去對健康和患病的那套觀念，同時將各種特殊的美德均涵蓋在健康的範圍裡面；不過，有一點要注意的是，對某人而言是健康者，對另外的人則或許反而是不健康。

最後，這個大問題依舊存在：

我們是否可以無視疾病給我們帶來的影響而發展自己的美德呢？或者，我們的自覺和求知行動是否並不一定要有健全或患病的靈魂；總而言之，是否純粹追求健康的意志並不是一種偏見與懦弱，或許是一種極為巧妙的野蠻和落伍。

死亡的沉思

對於生與死，叔本華曾有過精妙的論說：死亡根本就不存在，一個人活著的時候，死亡與他無關，一個人死了的時候，便也不復存在於地球上，死亡更是與之無關。

生活在混亂的都市，日常必需品和噪音之中，常帶給我們一種陰鬱的愉快。有多少的慾念、享受和焦急，又有多少飢渴或酩酊的人生顯現在此處的每一刻！對所有這些嘶喊，活躍而熱愛生命的人們，它很快就會變得寧靜！每個人的影子——他那黯淡的旋律——總是站在他後面！就像是輪船將要啟航前的最後一刻：人們彼此之間有著更多的話要說，而時間分分秒秒在催促，孤獨沉默的大海在嘈雜的喧嚷聲中已經等得不耐煩了——對它的俘虜竟是如此貪婪和肯定！就整個生命的歷程來看，如果說過去是一片空的，或者只是不值一提的小插曲，那麼最近和將來便是一切；因此才有這憎恨，這哭泣，這充耳不聞以及自我擴展！所有人都想在將來獨占鰲頭成為第一——而死亡和寧靜則是對一切的未來均可以肯定的事！這種對一切均肯定且普遍的僅有之事是多麼的奇怪，預習對人類絲毫沒有作用，自認為死亡之兄弟的人們則是離死亡最為遙遠！

心靈與痛苦的治療者

人們總是喜歡將痛苦與不幸誇大其詞，那行為就像在渲染一件善行似的；而在另一方面，有許多可以減輕痛苦的良方對策卻又故意閉口不提。比如說，削弱痛苦的程度、忘掉痛苦的念頭，思想一些美好的過去或未來。當一個人陷入極大痛苦而意識模糊或不省人事的時候，其實我們十分明白應該如何在苦中加甜，尤其是加在心靈的苦楚裡。

所有的神學者和傳教士都有一個共同的毛病：他們都想勸說那病情很沉重而需要徹底嚴格治療的病人，因為整個人類幾個世紀以來，都非常渴望聆聽那些導師們關於人類末日已經籠罩著地球的迷信說法，故而他們早就準備發生哀嘆了。他們從生命當中再也找不出什麼，而讓每個人的臉上均掛一副憂鬱的怨容，彷彿生命真的是難以忍受似的。事實上，他們十分堅信生命，且非常深愛它，而許多未曾道破的陰謀詭計都是為了壓抑他們所討厭的一切，以及拔取痛苦與不幸的棘刺。

尼采認為：人們好像總是喜歡將痛苦與不幸誇大其詞，那行為就像在渲染一件善行似的；而另一方面，有許多可以減輕痛苦的良方對策卻又故意閉口不提，比如說，削弱痛苦的程度，忘掉痛苦的念頭，思想一些美好的過去或未來，甚至各種不屈的自尊心和耿耿的忠心也都可以產生麻醉的效果——當一個人陷於極大的痛苦而意識模糊或不省人事的時候、其實我們十分明白應該如何在苦中加甜，尤其是加在心靈的苦楚裡。同時亦在我們的勇氣和莊嚴感，以及服從與認命的較為高貴的狂熱中找到一個祕方。

人類的損失很少會持續一個鐘頭以上，一有損失，老天必然會立刻以各種方式給予我們補償。傳教士和神學根本就從未夢想過去關心惡人的內在「痛苦」！他們一點也不欺騙我們關於狂熱激進者的不幸！是的，只有當激進者遭到不幸，他們才不欺瞞，因為他們太了解那些人的心中充滿了快樂，但是他們對此卻像死人般地沉默不語，因為這一現實對他們的理論無異是一種有力的反駁，而根據他們的理論說，快樂乃源於人類的絕情。這樣的論調顯然是可笑的。

最後，對於那些心靈的治療者的祕方，以及他們對徹底治療者的勸告推薦，我們不禁要問：人生真的是如此充滿痛苦與負荷嗎？答案顯然是否定的。

良知的本性是虛偽

智者說：虛偽是人的本性，從人會咿呀學語時起，虛偽便開始作怪，人所表現出來的良知大抵都是虛偽的變種，就如同生存是死亡的另一種存在形式一樣。

尼采認為：沒有什麼比真正的虛偽更為罕見了。他很懷疑，這種植物受不了我們文化的溫馨氣氛。虛偽屬於有強大信仰的時代，人們甚至在被迫接受另一種信仰時，也不放棄從前的信仰。今日人們放棄它；或者更常見的是，再添上第二種信仰——在每種場合他們都依然是誠實的。毫無疑問，與過去相比，今日能夠有數目大得多的信仰，所謂能夠，就是說被允許，就是說沒有危險。由此產生了自我寬容——這種自我寬容有好多信仰，它們和平共處，它們謹防自己丟醜，就像今日全世界都在做的那樣。今日一個人怎樣才丟醜？在他秉性純正的情況下。在他不模棱兩可的情況下。在他矢志如一的情況下。在他一條路走到底的情況下……對於有些罰惡而言，現代人簡直是過於懶散了，以致這些罪惡正在滅絕。一切以堅強意志為前提的惡（也許不存在無堅強意志的惡）在我們的溫暖空氣中正在蛻化為德行——我們所知道的少數幾個虛偽者是在模仿虛偽，他們就像當今幾乎所有十歲兒童一樣全是戲子。

我們是難以理解的人

強者往往追求自我實現，因而他們的某些行為便不為普通人所理解，認同，更不可能獲得讚許。在人們的冷嘲熱諷中不能堅持者便會淪落為平常民眾。而那些餘者，那些敢於「天下人負我，我也不負天下人」的志士便日益走向成功。

我們是否常常抱怨被人誤解，受到錯誤的評斷，遭人厭惡或誹謗中傷呢？那正是我們的命運——唉，若是我們不能忍受這煎熬，又怎麼能贏得對自己的看重呢？

一般人往往將我們和平常混為一談，原因是由於我們不停地成長、不斷地改變，每到春季依然蛻去舊日的外殼，永遠都是那麼年輕、高大而強壯，我們正如未來之人，將根部更有力地伸向深處——深入邪惡，同時也更加親切地擁抱天堂，以寬廣的枝葉吸收天堂之光。

我們像樹一樣地生長——這概念也和一切的人生同樣令人費解——不只在一處，而是無處不在；不只朝一個方向發展，而是裡裡外外、四面八方皆至。同時，我們那有力的幼苗也正向上茁壯，擴展成枝條，葉片和根鬚；我們真的已無法依舊像以前一樣自由自在地做任何事，也不能毫無牽掛地成為任何人……這也是我們的命運；縱然身處不幸，依舊向上發展——我們愈來愈接近光明！——我們以此為榮，且不願將此崇高的地位和命運與人分享……

電子書購買

國家圖書館出版品預行編目資料

那些殺不死我的 , 都將使我更堅強 : 絕美癲狂的世紀獨白 , 歷久彌新的尼采哲學 / 劉燁 , 郭仁航編譯 . -- 第一版 . -- 臺北市 : 崧燁文化事業有限公司 , 2022.06

面 ; 公分

POD 版

ISBN 978-626-332-376-6(平裝)

1.CST: 尼采 (Nietzsche, Friedrich Wilhelm, 1844-1900) 2.CST: 學術思想 3.CST: 哲學

147.66 111007092

那些殺不死我的，都將使我更堅強：絕美癲狂的世紀獨白，歷久彌新的尼采哲學

編　　譯：劉燁，郭仁航

排　　版：黃凡哲

發 行 人：黃振庭

出 版 者：崧燁文化事業有限公司

發 行 者：崧燁文化事業有限公司

臉書

E-mail：sonbookservice@gmail.com

粉 絲 頁：https://www.facebook.com/sonbookss/

網　　址：https://sonbook.net/

地　　址：台北市中正區重慶南路一段六十一號八樓 815 室

Rm. 815, 8F., No.61, Sec. 1, Chongqing S. Rd., Zhongzheng Dist., Taipei City 100, Taiwan

電　　話：(02)2370-3310　　**傳　　真**：(02)2388-1990

印　　刷：京峯彩色印刷有限公司（京峰數位）

律師顧問：廣華律師事務所 張珮琦律師

定　　價：320 元

發行日期：2022 年 06 月第一版

◎本書以 POD 印製